尊敬的　　　　　　　　方家惠存！

《中国摄影艺术年鉴》作为一部大型史籍，记录着当代中国发展进步的经典瞬间和中国摄影艺术的发展脉络。

聚焦大河上下，長城内外，樂山樂水，見仁見智，

一鏡走天涯，風月無邊；

感受世間寒暑，人生冷暖，歲月無痕，心中有愛，

一圖勝千言，道義在肩。

中国摄影家的社会责任和历史贡献尽在其中。

愿此书能对您的研究和学习有所帮助。

敬贈

年　月　日

中国摄影艺术年鉴

CHINA PHOTO ALMANAC

2012卷

主编：高健生

国际文化出版公司

·北京·

《中国摄影艺术年鉴》编辑委员会

主　　任：高占祥

编　　委：吕厚民　朱宪民　王玉文　王　悦　高健生　徐伟浩

主　　编：高健生

副 主 编：席世宏　王世学

责任编辑：杨　华

助理编辑：马贞阳

协　　办：中国·北京摄影艺术协会

封面：

雅鲁藏布江大写意/摄影：徐波

雅鲁藏布江的源头是喜马拉雅山脉的杰玛央宗雪山，这条贯穿整个南藏最终汇入印度洋的大河，有着广袤的流域，漫延的河干和险峻的"大拐弯"，所有这些为人熟知的特点都使人觉得它是一条雄浑霸气的河流。而事实上，在它的发源地，在它的支流汇集处，雅鲁藏布安静祥和，深沉而富有生气，就算河道中有突兀的巨石，她也是安然而谦和地绕过，没有一丝不悦与波澜，坚定而有控制地向东南方向推进。

目 录

前言

/高健生

长度×宽度×高度构成三维空间，即所谓的“3D”(Three Dimensions)，在3D大行其道的今天，摄影作为平面的二维表现，似乎有种与生俱来的缺憾。但当我们翻阅七年的《中国摄影艺术年鉴》时，在连续记录的影像中，我们读出了二维图像中的又一个维度——时间。这个维度增加了图片的张力。

摄影是瞬间的艺术，瞬间是时间的长度表述，摄影作品在画面中记录某一时刻，使人们无论在何时何地阅读都能穿越到在“那一时刻”。这又是摄影与生俱来的优势。

有人调侃地解释“后现代主义”时，说“后现代”就是把现代给“后了”，如果我们真能站在后代的立场看现代，摄影的二维就加入了时间这一维度，这就是摄影的3D，是一种具象加抽象的维度，是需要使劲想象的历史性哲学维度。

让我们反过来想一想，如果100年后的人“穿越”回来他们会拍什么，如果我们能拍出100年后的人想要看的照片，摄影会更有意义，拍摄会是另一种态度。

在《年鉴 2011卷》中，我们收录了一张重庆唱红歌的作品，记录了当年大红大紫的“重庆现象”，谁也不知道那时重庆的当政者会有今天的下场，但我们能感觉到作者是在用后人的眼光拍时下的事情，他给出的标题很简单“唱红歌在重庆”，《年鉴》的编辑独具慧眼地加了一段来自当地官方媒体的关于“唱红”的财务支出的文字，不加任何评论，但明眼人都能看懂，这是比较典型的把现代给“后了”的图片拍摄和编辑例证。回过头来看，一年前的客观记录，时间给出了有意义的认证。

在历年《年鉴》收录的图片里，总有一些需要随着时间延伸而再度阅读的好作品，例如《年鉴 2006卷》中的《直选村民代表》，记录了几年前开始的农村基层选举，尽管选举手段落后，但村民们溢于言表的期待，谁能说不是国人对中国实行政治体制改革的一种期待呢？回头品位，意犹未尽。

2012年11月24日，中国首艘航母“辽宁舰”成功完成舰载机起降训练。在媒体报道的图片中，起飞指挥员以半蹲姿势，右手食指和中指指向飞行甲板前端，代表“允许起飞”信号。这一手势引起了中国网友的浓厚兴趣，那潇洒帅气的动作被称为“航母Style”又名“走你！”。这张图片，让人感慨万千，它勾出了中国人的历史心酸、时代幽默和未来豪情，过去+现在+未来，时间增加了摄影的张力。

“立此存照”绝对是要把现代给“后了”的一种方式，今天的图片给明天的人看，这是摄影家的立场，也是大型史籍画册《中国摄影艺术年鉴》的意义所在。

聚焦大河上下，长城内外，乐山乐水，见仁见智

一镜走天涯，风月无边

中国摄影艺术年鉴
贰零壹贰卷

变形花卉／摄影：高占祥

相聚争艳色，风流且忘形，灵根终不改，到底是青春。

五台堆雪／摄影：王悦

三清山——巨蟒出山／摄影：徐伟浩

三清山位于中国江西省上饶市玉山县与德兴市交界处，为怀玉山脉主峰。因玉京、玉虚、玉华"三峰峻拔、如三清列坐其巅"而得其名，三清山是道教名山，风景秀丽。2008年7月8日，第32届世界遗产大会将三清山列入《世界遗产名录》。

巨蟒出山是三清山标志性景观。海拔1200多米，相对高度128米，由风化和重力崩解作用而形成的巨型花岗岩石柱，峰身上有数道横断裂痕，但经过亿万年风雨，依然屹立不倒。顶部扁平，颈部稍细，最细处直径约7米，状极突兀，形似一硕大的蟒蛇破山而出，直欲腾空而去。

莽莽天山/摄影：倪益瑾　横卧新疆中部的天山山脉，绵延数千里，终年积雪，银光闪烁，古有"雪山"之称。十月上旬的一天，天空晴朗，从乌鲁木齐飞往喀什的飞机上，作者领略到天山的壮阔和美丽。

春到西湖边/摄影：倪益瑾　毗邻杭州西湖的太子湾公园，围绕西湖引水明渠，积水成潭，截流成瀑，环水成河，跨水成桥。每到三、四月间，樱花、桃花、郁金香，百花绽放，迎接春仙子的到来。

原始森林哀牢山/摄影：倪益瑾

位于云南中部的哀牢山，是全国最大的原始中山湿性常绿阔叶林区。作者有幸在蒙蒙细雨中造访鲜为人知的哀牢山，体验到了她的秀美和神秘。

巍巍太行山/摄影：倪益瑾

太行山地貌多变，万峰突兀，崖悬壁峭。雨后云雾缭绕，更显太行山的磅礴气势。

红海滩印象——少女高歌/摄影：张炳功

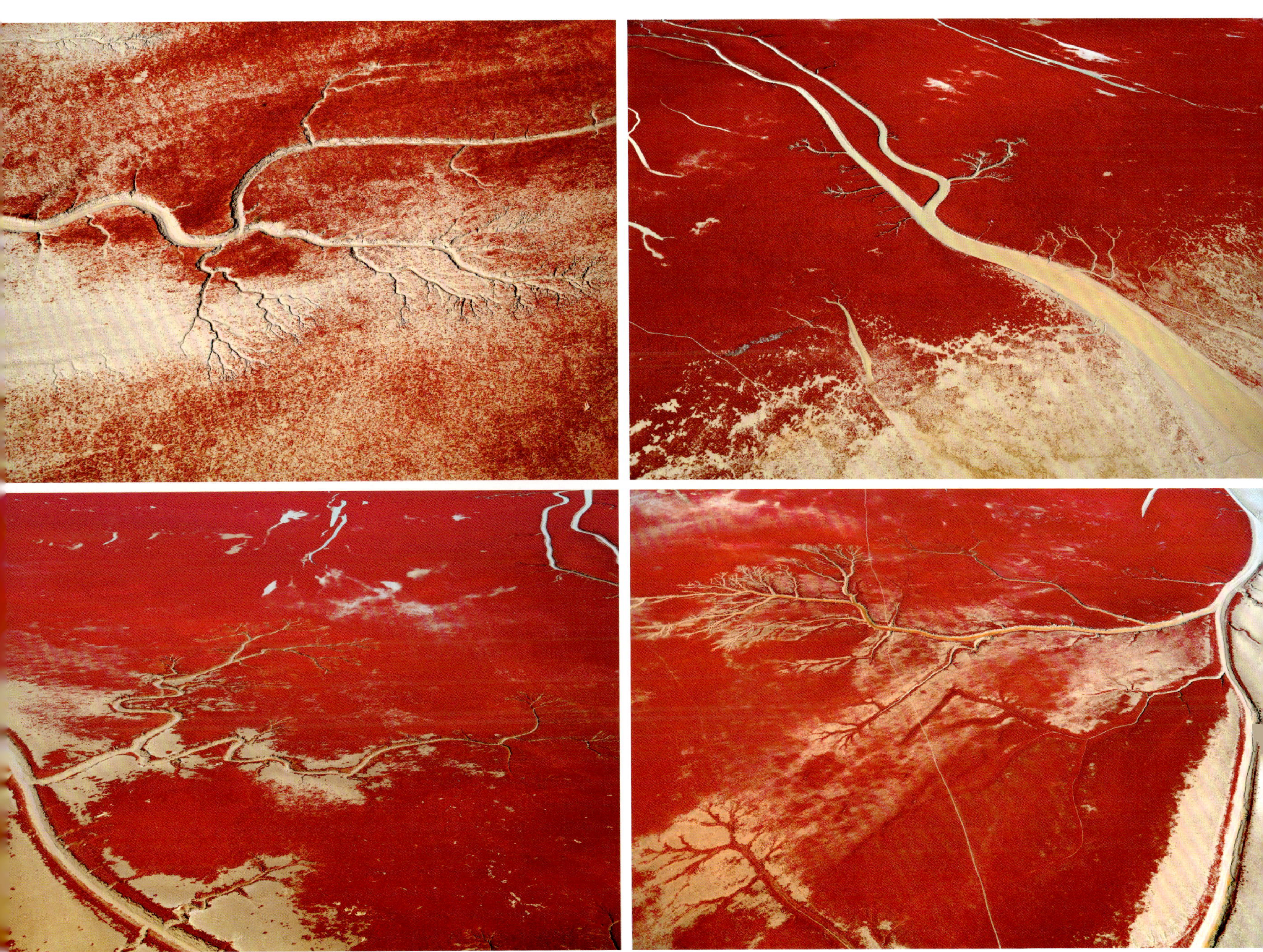

红海滩印象——大地血脉/摄影：张炳功

长白山天池／摄影：于大力

雅鲁藏布江大写意/摄影：徐波

雅鲁藏布江的源头是喜马拉雅山脉的杰玛央宗雪山，这条贯穿整个南藏最终汇入印度洋的大河，有着广袤的流域，蔓延的河干和险峻的“大拐

弯”，所有这些为人熟知的特点都使人觉得它是一条雄浑霸气的河流。而事实上，在它的发源地，在它的支流汇集处，雅鲁藏布安静祥和，深沉而富有生气，就算河道中有突兀的巨石，她也是安然而谦和地绕过，没有一丝不悦与波澜，坚定而有控制地向东南方向推进。

庆祝建国六十三周年——等待升旗/摄影：马青(上图)　2012年10月4日早晨5点54分，来自祖国各地的群众很早就汇聚在天安门广场等待升旗的庄严时刻。

——阳光普照/摄影：马青(下图)　2012年10月4日早晨6点30分，升旗仪式刚结束，旭日铺满天安门广场。

中华人民共和国万岁
世界人民大团结万岁

海上捞“金”/摄影：侯贺良

2012年9月20日傍晚，我在威海进行航拍，根据航拍计划，我乘R44直升机在海上拍摄海上养殖。在直升机回旋转换拍摄角度时，我发现微风吹拂下的海面在逆光的作用下，形成一条条金色的光带，如同流淌着的金河。恰巧，一串牧海归来的小船在母船的牵引下驶入金河，宛若要到金河中捞金。海上养殖不也是海上捞“金”吗？

丹霞巴寨山风光／摄影：赖继平

巴寨位于广东省韶关市仁化县国家红石公园丹霞山的边缘地带，为丹霞山最高峰，因其形如巴掌且山上筑有寨，故称巴寨，当地人俗称大石山。这里群峰竞簇、赤壁丹霞，高峡幽洞，纵横阡陌，造型状物变化万千，其山水交融的组合景观及地貌特征，是丹霞地貌最典型、最壮观、最精粹、最完美的代表。

层峦叠嶂／摄影：刘建轩

广东韶关丹霞山日出/摄影：龚文基

红山晨曦/摄影：王金祥

龙江第一湾——黑龙江漠河/摄影：王金祥

不知疲倦的磕头机——大庆/摄影：王金祥

静夜——大庆/摄影：王金祥

疑似银河落九天／摄影：刘正联

穿越阿尔金山/摄影：田景玉

阿尔金山是中国最大的自然保护区，同时也是中国四大无人区之一。它位于新疆的东南隅，地处新疆、青海、西藏、甘肃四省交界处，东西长360公里，南北宽190公里，总面积45000平方公里，平均海拔4500米。阿尔金山自然保护区以巍巍昆仑山为界，南部与青海的可可西里自然保护区和西藏的羌塘自然保护区紧邻。这里气候寒冷，干旱多风，蒸发强烈，全年没有无霜期，没有四季之分，仅有冷暖之别。区内空气纯净、日照强烈，天气多变正如“早穿皮袄午穿纱”描述的，一天中忽而炎炎烈日，转而疾风飘雪，忽而雷鸣闪电，忽而雪霰骤下，令人难以捉摸。

它是中国古代神话的发源地，一直是人们所向往的世外乐土.无论从民间流传的神话故事“夸父追日”中，还是在武侠小说《天龙八部》里.我们都不难找到这个西域天境的踪迹.经历漫长的岁月，它依然保持着混沌初开的原始状态——从湖泊到沼泽；从沙漠到雪山；还有那不可触及一望无垠的大草原……，一切都在诉说着亘古不变的话题。

喜马拉雅山／摄影：席世宏

新疆塔什库尔干石头城/摄影：李勇俊

大兴安岭边缘/摄影：李勇俊

帕米尔高原慕士塔格峰附近/摄影：李勇俊

千山风光——毓秀千华/摄影：王雁翔

千山位于辽宁省鞍山市。千山，古称积翠山，又名千顶山、千华山、千朵莲花山，以峰秀、石峭、谷幽、庙古、佛高、松奇、花盛而著称。厚重的历史宗教文化和神奇瑰丽的自然风光，一直是吸引摄影人的圣地。

千山风光——苍穹/摄影：王雁翔

千山风光——仙境/摄影：王雁翔

千山风光——圣地灵光/摄影：王雁翔

千山风光——仙灯初上/摄影：王雁翔

太和祥晖／摄影：梅生

峨嵋金顶／摄影：梅生

长白山风光——天上瑶池／摄影：高维生

长白山风光——暮色苍茫／摄影：高维生

佛海容天／摄影：张锐

龙腾中华/摄影：李忠

我航拍龙腾中华这一主题，是从千禧龙年开始的。那时我还是新闻摄影记者，在一次森林防火飞行踏查中，我第一次拍到了龙的影像，从此我就走上了长达12年之久的拍龙之路。

曾有一位纪实摄影家朋友，很直爽地对我说过，“你不要以为碰到了一张龙图就拍这个主题，这是一个可遇不可求的题材”。换句话说，这是不可能的事。这话一点也不假，仔细品味也不无道理。十二生肖中，只有龙没有实体。也就是说，龙只是存在于人们意念中的一个抽象符号。从摄影术发明至今，还没有一位摄影家以龙作为创作题材进行专题创作。继2000年我拍到第一张龙的图片之后，在吉林飞往上海的旅途中，我再次拍到了龙腾大地的影像，从此坚定了我拍《龙腾中华》这一主题的信心。时至今日，我坚持每年航拍10个航段，采用直升机、民航机、动力滑翔伞、热气球、三角翼、航模等各种航拍方式，在中华大地上空飞行拍摄。

心中有龙就能拍到龙

龙是中华民族的图腾，是中华民族精神象征，是中国人为之骄傲的传统文化符号，是历代文学家、画家和艺术家喜欢表现的题材。然而迄今为止还没有一个摄影家以专题的方式，长卷式的表现手法来拍摄龙，因为龙的形象过于抽象，正所谓“神龙见首不见尾”，摄影家无从表现。为了用摄影表现大自然中存在

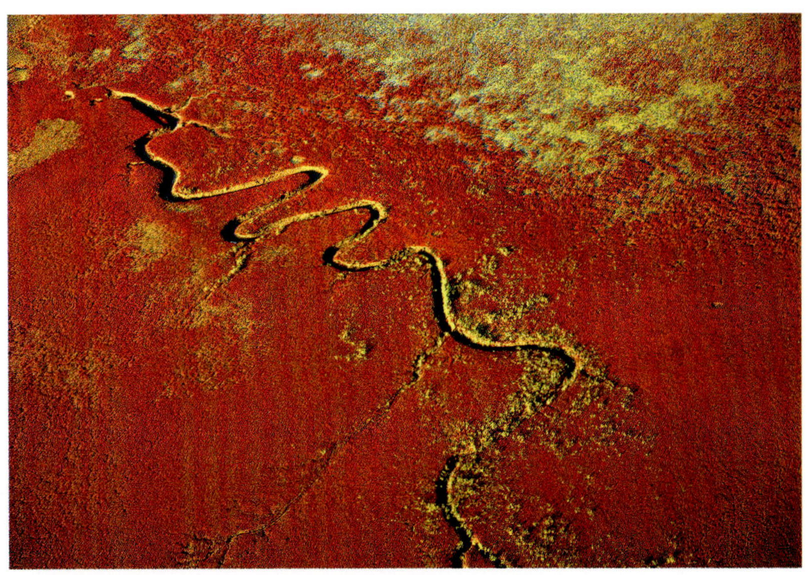

的龙影像，我查阅了大量历史资料，把龙的形象融入脑海，从中体会到中国传统文化赋予龙的深刻内涵。龙对中国人来说包含着太多的意味。

我借助卫星地图，在龙的故乡中国大地上寻觅龙的足迹。经过12年的拍摄探索，找到了拍龙的方式和经验。在高空面向广袤大地全景式注视中用思维创造取舍，用传统文化赋予作品思想灵感，用特殊的视角从认识传达到理念，用想象表现形象，将龙的形神得以再现。

一位地理学家看过我的龙腾中华系列作品后论证，所拍之龙系祖国山河脉向，其形成已达几千年。作为龙文化的传承者，拍摄者，我有责任把因地理变化将会消失的龙图，龙脉拍下来；记录中华民族龙的影像——镜头里的责任感已超越拍摄作品的意义。

山光水色／摄影：李鸿文

梦幻边关／摄影：魏建国

光浴仙境／摄影：于长馨

乾元浩气韵神山／摄影：于长馨

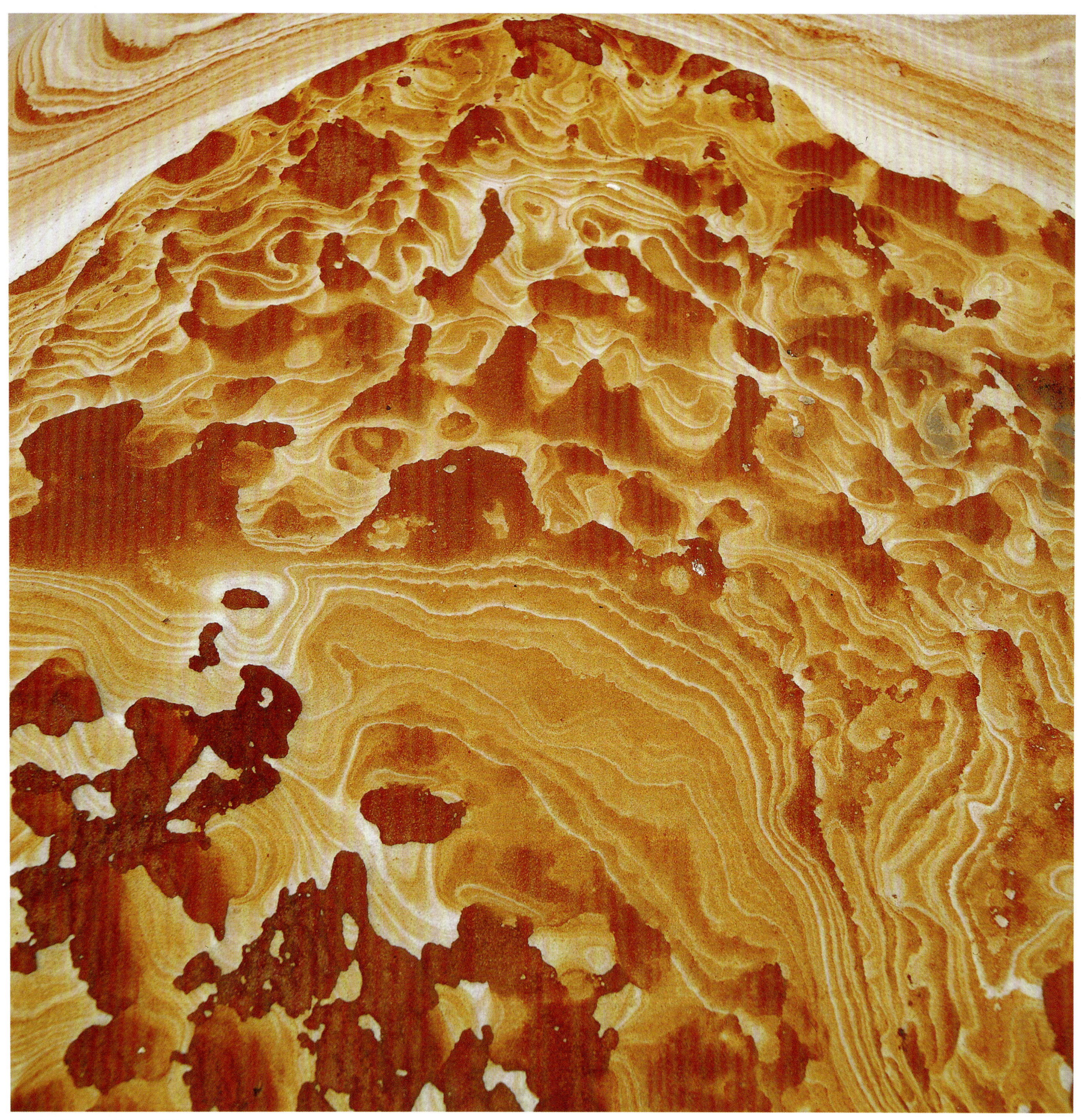

地球密码-1/摄影：王琛

地球密码—2/摄影：王琛

沙海之舟/摄影：张治军

征途/摄影：张治军

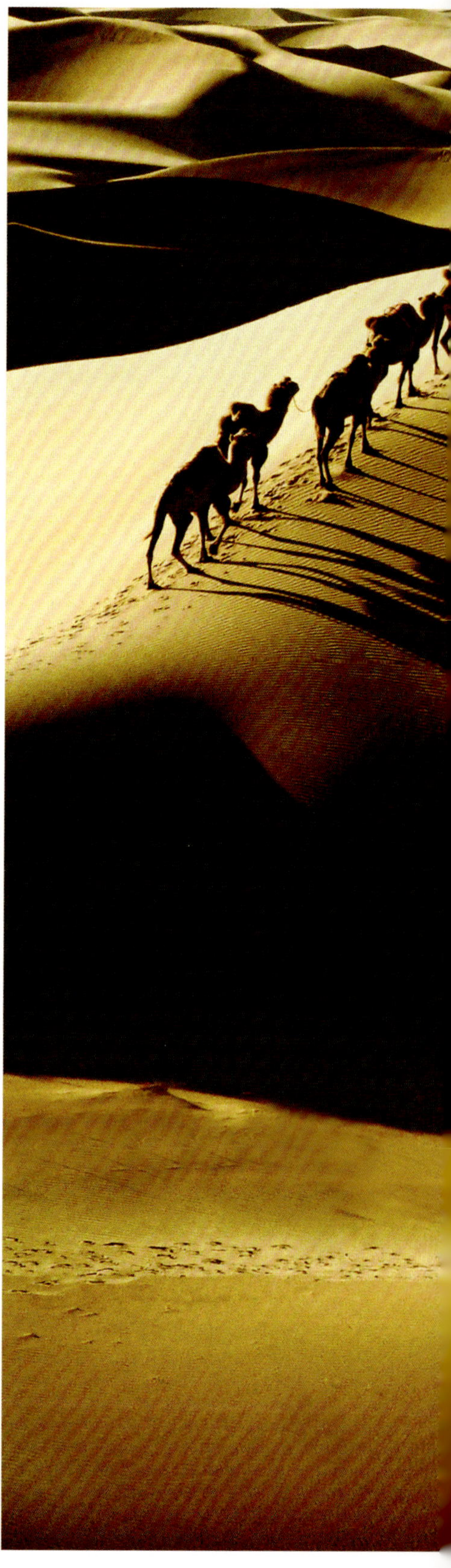

路漫漫/摄影：张治军

山西灵石石膏山风光——朝阳洞/摄影：张建新

山西灵石石膏山风光——铁佛寺/摄影：侯升翔

秋之韵／摄影：卢权正

古城神韵／摄影：樊廷让

月亮山秋色／摄影：莫章海

进入秋季，贵州从江的月亮山区秋高气爽，2012年9月16日，我去拍梯田的秋色。天还没有大亮，我已架好相机等待日出，6点半后对面山坡的边际开始出现红晕，太阳慢慢出来了，天空的云彩很漂亮，梯田的稻谷大部分已成熟，只有糯谷还是青色的，刚好呈现出一个美丽多彩的画卷。

轻纱朦胧漓江梦／摄影：李新华

青神松竹翠
岷江湮雨稠

梦幻青神/摄影：张水清

仙山揽胜/摄影：张林（四川峨眉）

天然画屏/摄影：陈智

世界地质公园安徽天柱山，奇峰陡峭，巍峨峥嵘；东关云海，绚丽非凡；四季的景色更是千万变幻。

仙境：云漫五老峰/摄影：季保全

沸腾的冰河／摄影：巴迎春

伏牛云海／摄影：靳文学

中国伏牛山世界地质公园于2006年9月18日被联合国教科文组织批准，2007年6月22日正式揭碑开园。伏牛山自西向东绵延八百里，就像一条巨牛横卧在中原大地上，而伏牛山的核心景区，就是最高峰犄角峰下层峦叠嶂、气势磅礴的西峡。

云蒸霞蔚／摄影：朱厚志

太行仙境／摄影：李勇钢

梦幻雪山/摄影：李铁成

青海丹霞地貌/摄影：严克勤　青海贵德。夕阳下的丹霞地貌更加艳丽。此为接片。集诗曰：数幅丹霞夹白云，削出芙蓉作画看。

青青陌里菜花黄/摄影：严克勤　青海门源。驱车到门源，然天不作美。苦等半小时，仅有数秒云层错动时散入的一丝薄光。遂入镜而为冷色。

斑斓大地/摄影：王礼贵

广西龙胜金坑梯田/摄影：陈钟祥

黄山风景如画／摄影：侯希智

金秋风云／摄影：侯希智

沙漠中的“海子”／摄影：侯希智

落日如镜/摄影：王秀杰

2012年9月14日摄于牡丹江镜泊湖。镜泊湖得名于"清平如镜"，形容湖面之波平浪静。在拍其日落时，于镜头的俯仰中，竟得到了一面太阳光影幻化出来的立体的圆镜子。那镜子晶莹剔透，照见了山，照见了水，照见了丝丝袅袅的云。

渔港夕照／摄影：江云华

大斗晨曦／摄影：岳国明

大斗是一个地名，位于浙江省温岭市城南镇担屿塘海涂，亦称大斗山，目前这里正在进行海涂围垦，围垦面积近2万亩，不久的将来这里将成为一个农业经济开发区。

绝壁奇路/摄影：牛长友

由"2002感动中国"十大人物之一的河南新乡回龙村党总支书记张荣锁带领乡亲们在悬崖峭壁上开凿出的太行山绝壁之路，如今正在感动着每一位慕名而来的游客。随着太行山旅游的升温，这条被称之为"中国奇路"的山区公路发挥出了巨大的经济效益，游客的蜂拥而至，给这里的百姓带来了丰厚的收入。入夜时分，车辆的轨迹像一条金链穿行在最为险峻的回龙路段。

绝壁生辉/摄影：琚宪顺

河南辉县郭亮洞是太行山的一个地理标志，也是辉县人的精神高地。2009年美国媒体评出的全球18条最奇特公路中，郭亮洞位列第三，美国西北大学交通研究中心主任、土木工程师哈尼・马赫马萨尼赞其〝不仅是交通设施，更是一座壮美的雕刻品〞。

东南西北俯瞰北京/摄影：刘培恩

斗转星移玉漏频/摄影：陈明月

天光云影共徘徊/摄影：陈明月

净月孤悬朗中天/摄影：陈明月

日暮宿鸟归飞急/摄影：陈明月

晚风枯叶生秋怨/摄影：陈明月

霞飞申城/摄影：郑宪章

高空拍摄的上海浦江两岸全景图。清晨，旭日东升，霞光万丈，朝阳下的上海生机勃勃。四图拼接而成。

霞光/摄影：屈原骏

2012年5月摄于中国台湾台北市信义区。

山水之间／摄影：郎晓光

从秦皇岛海岸远远望去城市建筑如海市蜃楼般矗立在海面上。

跨越鸭绿江的彩虹／摄影：单志瀛

崛起/摄影：于海英　马坡镇位于北京东北郊，地处奥运场馆和顺义新城建设所在地。马坡镇以"建设新城，发展马坡，加快推进城乡一体化"为主题，紧紧围绕新城建设、新项目建设、新农村建设、新形象建设等重点工作，锐意进取，扎实工作，全力打造"马坡商务休闲度假区"，实现了地区经济社会发展和城市化进程的新跨越。

初霁/摄影：苑德平

颐和园雪韵/摄影：苗建国

玉泉山初雪/摄影：苗建国

染秋/摄影：秦桂荣

家园/摄影：吉久利

如画的新疆夏尔西里/摄影：张弛

白哈巴晨牧/摄影：石宏

新疆白哈巴，九月底的清晨，新一代的牧牛人骑着摩托车，赶着牛群穿过厚厚的晨雾，忠实的牧犬跑前跑后和主人配合默契。

金秋坝上/摄影：张诚忠

美在天涯/摄影：郭均

长白雄魂／摄影：温长发

长白山天池北坡，浓雾向山顶漫延，一束光照射在兀立的火山岩上，增加了长白山的神秘感，彰显了长白山雄浑壮阔的特色。

红土地／摄影：刘伟妮

雪域人家/摄影：陈忠平　云南昭通大山包。

春雪印象/摄影：邓元良　　阳春三月，一场春雪飘洒而至，恰逢回到巫山，随车行至半山腰，手头没有相机，借别人一卡片机，拍下一些照片，色彩略作校正，活脱脱一副水墨画作品跃然眼前。

草原晨曲/摄影：郎英

五台山冬韵／摄影：焦瑾琦

阡陌万里／摄影：纪爱华

通途/摄影：张文良

蓝月金沙／摄影：黄云鹤

秋天的阿尔山河谷湿地五彩缤纷，截取一个片段，成就一张小品。犹如一篇宏大的交响曲中的华彩乐章。甚至，我们触摸到了大自然生生不息的脉动。

山谷回声／摄影：黄永巍

穿岩十九峰/摄影：裘漱蕙　　穿岩十九峰风景名胜区位于浙江省新昌县西南二十二公里，以雅、幽、奇、险为特色，融峰、谷、洞、溪、瀑为一体，山脉绵亘，峰峰相连，山间云雾缭绕，若隐若现，山水倒映，胜似仙境。

冬韵/摄影：武涛

边关雪／摄影：韩栓柱

壮美黄河／摄影：劳荣基

2012年6月，我乘飞机飞越黄河流域上空时，湛蓝的天空下一条呈S线的黄河清晰可见，随着飞机的移动而慢慢地漂离视线。

天子山神韵／摄影：张建国

峻秀黄山／摄影：张在峰

2012年1月25日拍摄于安徽黄山西海。黄山，被誉为“天下第一奇山”，黄山的冬雪也别具风情。此片粗犷中有秀丽之处，再加上冷暖色调的对比，反映出了黄山的峻峭与秀丽。

鹫峰晨雾/摄影：袁景东

跨国瀑布——广西德天瀑布/摄影：周厚庆

云锁山城/摄影：闫宁捷　洛阳山城栾川。

云海漫秋山/摄影：张同春

龙头披甲/摄影：张永刚

2012年1月29日摄于河北秦皇岛山海关长城老龙头海岸。由于气温较低，渤海结冰，在海浪冲击下，近岸冰块浮动，形似铠甲，在旭日晨光的映照下，蔚为壮观。

多彩的嘉峪关/摄影：胡学俭

9月的甘肃嘉峪关，一大片八瓣梅开得灿烂夺目，遥望远处的嘉峪关，我联想起边塞诗人所描写的古战场：金戈铁马，沙尘飞扬。然而，眼前的边关却如此的静谧，安祥。我用20mm广角定焦镜头将花地作为画面的前景，略作夸张延伸了开阔度，占据画面较小比例的嘉峪关，屹立在远处的地平线上，它与蓝天相接，与花地相映，原来历史上的边关也有这般温柔美丽的一面。

壮寨晓雾／摄影：高金刚

远山的呼唤／摄影：李帮学

乡村别墅／摄影：王建国

古桥依存／摄影：王建国

安徽黟县石潭秋色／摄影：蔡国强

安徽宏村秋色／摄影：蔡国强

梦幻小七孔桥/摄影：赵建廷

2012年8月4日摄于贵州黔南布依族苗族自治州荔波樟江小七孔桥景区。该桥始建于清道光十五年（1835年），是贵州南部通往广西古驿道上的一座石拱桥。悠久的历史，迷人的风光，吸引着无数游客。当你慕名到此桥畔，碧绿的河水清澈见底，夕阳自石桥孔直射而出，恰似七个探照灯光束。古树老桥倒影水中，幽静古朴，浑然天成，使人置身于天人合一之境，美不胜收。

青山绿水泛渔舟/摄影：杨金鹏

朝霞／摄影：李世权

候鸟天堂／摄影：白浩明

深圳湾红树林毗邻香港米铺自然保护区，每年冬季，由北方迁徙来的候鸟数以百万，是深圳市一道靓丽的风景线，成为了摄影人拍摄候鸟的天堂。

黎明时分——星空下的家园/摄影：林型国

天地有大美/摄影：马秉广

夏日的早晨，庄河入海口，奇型云彩挂在天幕，通透的阳光把恰好已经变红了的碱蓬子照射得鲜艳无比，两支河流把一块海滩艺术地围成一个心形，然后缓缓地流入大海，整个世界仿佛在这里变得十分明丽而宁静。

冰河融冻／摄影：脱兴福

通往珠峰的路／摄影：盛仁昌

眷恋神湖／摄影：朱惠振

随着西藏旅游的逐年升温，海拔4300米的神湖纳木错成为进藏游客的必游之地，这也给居住在当地的牧民带来了经济收入，他们将牦牛梳妆打扮后牵到湖边供游客乘骑。清晨，牧民将他精心打扮的座驾牵往景点，可牦牛却不愿前行！

藏地光影／摄影：姚建中

山色入波澜/摄影：王景涛

新疆喀什红旗拉甫边境慕士塔格峰，海拔7546米，有“冰山之父”的美称。峰顶的皑皑白雪，倒挂的冰川，映衬在卡拉库勒湖上，山水同色，相映成趣，不禁感叹大自然的鬼斧神工，心生敬畏。

雾里东江网鱼忙/摄影：王景涛

有“湘南洞庭”之称的东江湖，集山的灵秀、水的神韵于一体，特别是七、八、九三个月，因为气温昼夜变化所致的晨雾，如仙如幻，让人如痴如醉。尤其是见渔民撒网，在盈盈水雾中别有一番情调。

东海银链／摄影：柯伟祥

2012年7月27日下午，我乘民航客机前往上海出差。此前几天我国东南沿海刚经历了台风暴雨，我估计从深圳到浦东航线的空气透明度都会比往常要好，便事先做好航拍准备。17时17分，班机飞过东海大桥上空，大桥犹如一条银链延伸到30公里外的洋山港。

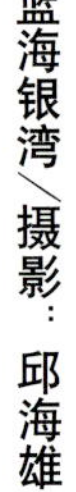

蓝海银湾／摄影：邱海雄

蓝海银湾位于广西涠洲岛石螺村的西海岸，海岸线平坦，沙滩大致绵延3公里，是一个天然的浴场，从远处看，蔚蓝天空下的海面色彩犹如画家的调色板，不时幻化出天蓝、宝石蓝等不同的色彩，沿着绵延的海岸线数十只渔舟像“金元宝”一般散泊于蓝色的绸缎之上。

三沙市——西沙永兴岛/摄影：宋举浦

2012年7月24日，海南省三沙市人民政府正式挂牌成立。三沙市位于中国南海，是中国地理纬度位置最南端的城市，为海南省第三个地级市，下辖西沙群岛、南沙群岛、中沙群岛的岛礁及其海域。三沙市涉及岛屿面积13平方千米，海域面积260多万平方千米，是中国陆地面积最小、总面积最大、人口最少的城市。三沙市辖最南国土海域南沙群岛暗沙组的曾母暗沙、立地暗沙、八仙暗沙及其海域，也是中国最南的领土海域。海南省三沙市人民政府驻地位于永兴岛，是西沙群岛同时也是整个南海诸岛中最大的岛屿。

大地万象／摄影：赵振民

俯瞰青藏高原／摄影：裴烨

潮涨潮落胜似高山流水/摄影：罗斌

滩涂、礁石、海浪、云彩等是摄影人喜爱的题材，我利用了潮水拍石的瞬间，以慢门将海浪拍打礁石幻化成流水行云的意境

风雨滩涂/摄影：郑之

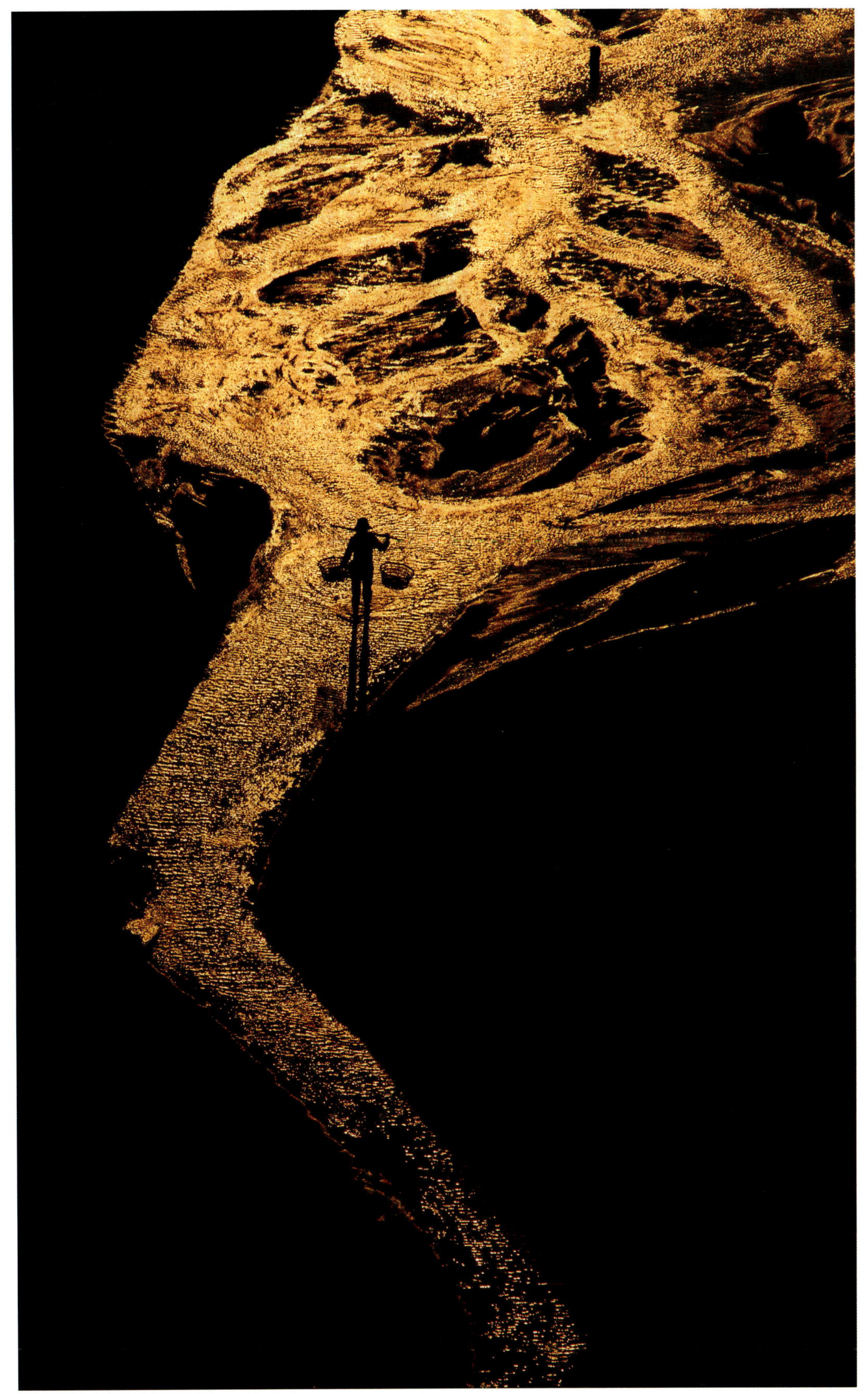

金色海湾／摄影：姜拥军

宏村倒影/摄影：张辉　　安徽宏村，中国画里的村庄，村因水清，水因村活，我通过独特视角拍摄的水中倒影，呈现出如诗如画，美轮美奂的别样美景。

白水洋/摄影：高中心

福建白水洋因其奇特的地质地貌现象而被誉为“天下绝景、宇宙之谜”，是世界稀有的淡水广场，由一块巨石铺展水底，面积达8万平方米，石面平滑如砥，无缝无苔，石上布水均匀仅没脚踝，清水在阳光照耀下，波光潋滟，色似白银，令人称奇。

婺源汪口/摄影：张东波

"四机"编队/摄影：李许林

人间仙境／摄影：蒋甸青

又见彩虹／摄影：麦柏安

青青坡上草/摄影：侯智宽

2012年7月12日摄于青海省海北藏族自治州祁连县卓尔山。为拍摄日出赶到卓尔山，不巧下起了小雨，导致无法创作，便离去。傍晚再次登上卓尔山，雨停日出，卓尔山宛如仙境。

金秋/摄影：阮光　阿尔山上的白桦树，金色的树冠在纯净的蓝天下熠熠生辉。

晚秋／摄影：阮光

一池碧绿秋水，一片金色树木，绵绵多彩山脉。

山间小径／摄影：阮光

朝阳穿过繁茂的树丛，将树木高大的身影洒在黄土和绿草上，金色的树林引领万物步入秋意盎然的画境。

鸟瞰湿地／摄影：王晓民

龙的源头——黄河九曲第一湾／摄影：夏刚

天际下的涌动/摄影：罗旭

2012年7月的新疆哈密巴里坤草原，天空由桔红渐渐地变为蓝色，喧嚣了一天的草原寂静下来，突然在暮色的天际下，有一片黑影在移动，随着变焦镜头的拉近，我看到了那是一群涌动在暮色天际下的马群，寂静的画面里，时而传来几声嘶鸣！

禾木秋韵/摄影：李景胜

阿尔山秋色/摄影：马健

云南小中甸镇的藏族自然村／摄影：王凡

小中甸镇位于云南省迪庆香格里拉县城南部，滇藏公路贯穿全境，适合种植青稞、洋芋等农作物，民族以藏族为主。

穿越荒漠／摄影：吕世宏

晨雾枯枝秀／摄影：安小慧

秋忙炊烟早／摄影：吴明

牧歌/摄影：徐世平

河滩放牧/摄影：钟德清

秋原／摄影：王孝贵

炊烟／摄影：钟德伟

草场牧歌／摄影：杨大红

晨光里的风车阵／摄影：赵国锋

光与影／摄影：王聚海

秋／摄影：孙玉国

多姿多彩卓尔山／摄影：李英文

天境祁连风光无限，多姿多彩色泽斑斓。

草甸绿浪／摄影：梁振添

坐落在新疆特克斯县西喀拉峻草原附近的“琼库什台”，只不过是哈萨克牧民的一个小村庄。因其在2010年入选中国历史文化名村之后，这个藏在深山的小村子，迅速吸引了人们的目光。这个天山脚下的纯美牧场，山前台地上绿草如茵，自然形成的沟壑将这平静的草甸勾画成大海的波浪，此刻一骑骏马掠起的尘土，为这大草原平添一种动感的美。

红山峡谷／摄影：赵宁

祥云敖包／摄影：马志军

晨牧／摄影：韩松

相会在草原／摄影：曲春洪

2012年7月，我站在开满鲜花的草野上，心已飞向了那茫茫苍苍的草原深处。在这里，我们一路欢歌一路狂拍，草原的一草一木使我们沉醉。草原把美献给了我们，我们将美带回家，却又把爱深深地洒在了草原上。

胡杨人家／摄影：王正才

新疆于田达里雅布依乡位于塔克拉玛干沙漠腹地，距于田县约240公里，这里没有公路，没有手机信号，没有通电。在这里居住的几十户维吾尔族人，由于交通不便基本不和外界来往，他们的房屋多建在胡杨树旁，结构简单，以放牧为主要生活来源。坐在篱下的老人，让人们感受到他们生活的艰辛、单调和淳朴。

金海湖秋色／摄影：耿锦录

天地同辉／摄影：于福金

秋霞／摄影：孙毅

阿尔山间的湖畔，夕阳西下，秋水依依，草色绵长。

远眺喜马拉雅/摄影：朱静（云南省昆明市）

世界屋脊喜马拉雅山脉东西绵延2400多公里，南北宽约200—300公里，由几列大致平行的山脉组成，呈向南凸出的弧形。在我国境内是它的主干部分，平均海拔高达6000米，是世界上最雄伟的山脉。海拔7000米以上的高峰有40座，8000米以上的高峰有11座，主峰珠穆朗玛峰海拔8844.43米，为世界第一高峰。在著名的乌拉山口，可以看到南方4座8000米以上的雪山，这4座雪山从左向右排成一列，景象壮观，分别是：马卡鲁峰、洛子峰、珠穆朗玛峰、卓奥友峰。

野牛之地/摄影：朱静（云南省昆明市）

仲巴县位于西藏自治区西南部、日喀则地区西部、喜马拉雅山西段与冈底斯山之间。仲巴，藏语意为“野牛之地”。在仲巴县帕羊镇沿219国道几十公里一段，沙漠与草场共生，远方湛蓝的湖水辉映着喜马拉雅雪山，形成让人心醉的美；沙漠在漫延，这种美也让人心碎。

准噶尔盆地飞虹／摄影：雷佳民

西域秋韵／摄影：计宁海

凝香／摄影：杨惠光

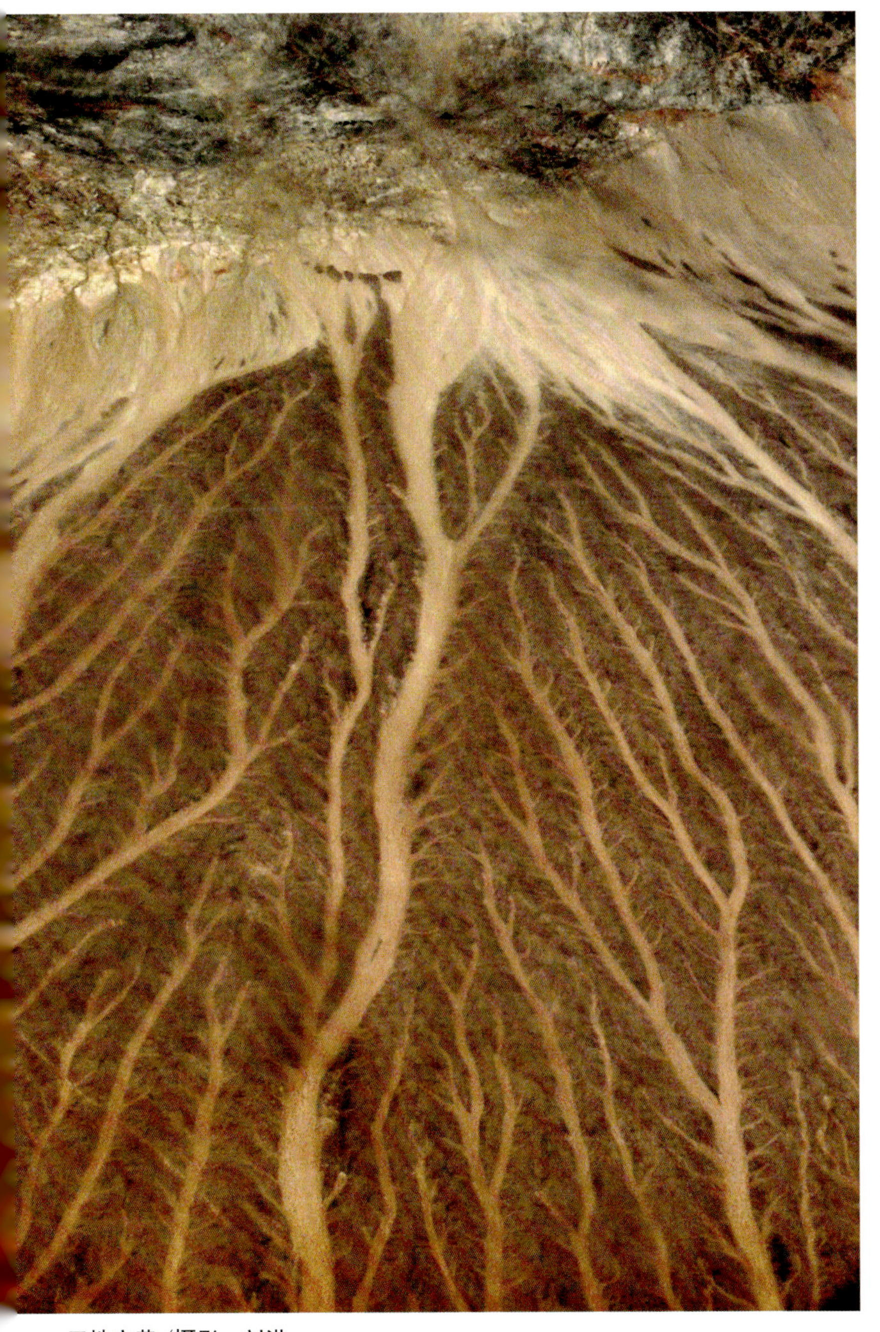

天地玄黄／摄影：刘洪

宇宙洪荒／摄影：刘洪

秋凉思梵图/摄影：姚璐

高阁清夏图/摄影：姚璐

水之形／摄影：王肇航

水之性／摄影：王肇航

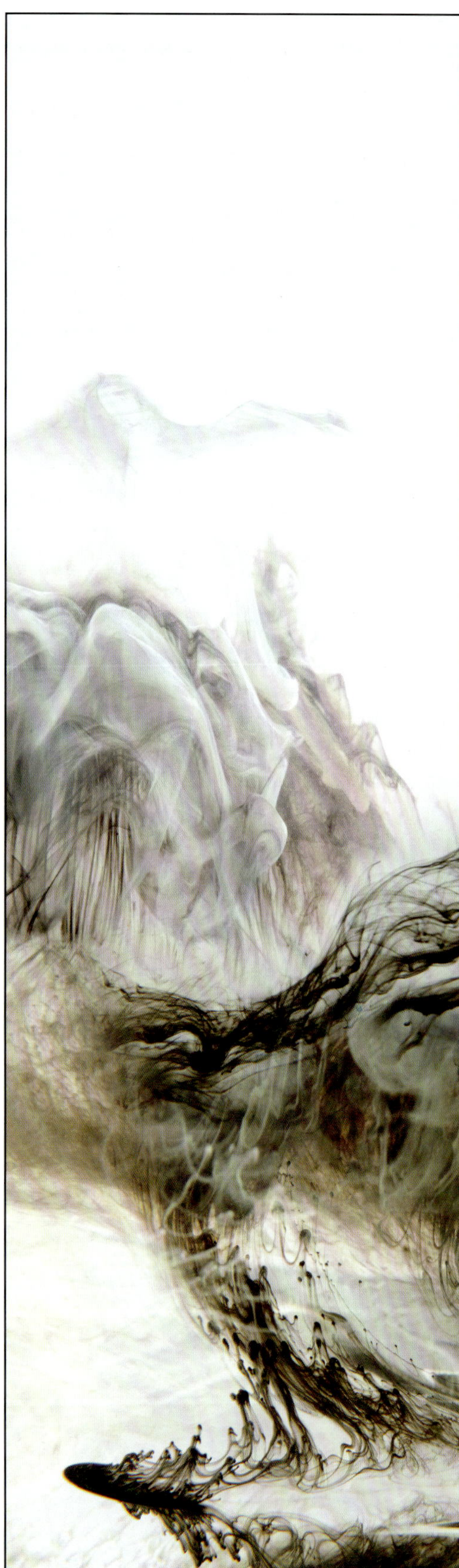

离我们有多远／摄影：陆军

女人如歌/摄影：马广祥

冰雪残荷有着极其丰富的内涵与魅力。有的在冰雪之上，有的在冰雪之间。莲叶、莲蓬、莲影、莲杆都可以作为创作的主题。

拍摄冰雪残荷关键在于：提炼主题、选择背景、严谨构图、巧妙用光。确定主题之后，冰雪之上画面的多余元素是难以回避的，但不能有任何人为的清理痕迹，否则就谈不上提炼主题了。作者在横七竖八、纵横交错、杂乱无章的荷杆中提炼出的“女-人-如-歌”系列作品，就是这样的主题表现形式。

低碳生活从“早”开始

Low Carbon Life Begins From The Morning

低碳，是一种生活方式，更是一种生活态度，节能减排，呵护地球，尽早开始。
“一日之计在于晨”，珍惜资源，倡导低碳，从早晨开始，从细节入手。

地球只有一个，珍惜资源，保护地球

〖小葱拌豆腐〗

一清二白

清，修心性也，无欲则刚。而白则质洁，民自长顺。是以为官者当重“清白”二字，方可造福一方。

公益广告/摄影：叶丹

岁月/摄影：袁立山

孩童时，岁月不可捉摸，像是一张不被重视的草稿抛于脑后；时值壮年，岁月崭露头角，开始轻描淡写地在面容上留下轻痕；而至老者，岁月已成隽永，那幅浓墨重彩的画啊，深烙于心间。

要用一幅摄影作品去表现“岁月”的主题，我想到的是一位承载着岁月的乡村老爹，他是瘦弱的、佝偻的、步履蹒跚的。我们长沙乡间有句俗语说：“一日不死要柴烧”，意为活着一天都要为生活操劳，这幅用干材枝搭建成人形来表现的作品，是很典型的乡村老人的生活状态，也许等到我老了的那一天，也将回到故土，归隐山田，守望收成。有所不同的是，他们为着生计，而我自愿去享受那份释然与恬淡。

飘/摄影：张荫鳌

中秋之夜，几只蒲絮在明月的映照下从空中轻盈地飘落，好似远方的家人带来的问候，怀乡之情由然而生。

旧厂房·角落/摄影：王世平

生活的记忆/摄影：金克安

食品主题变奏/摄影：程玉杨

当代艺术要关注当前的社会话题，食品安全关系我们每一个人。民以食为天。说小，它们只是小小的几个水果、几筐蔬菜、几个馒头。说大，它们关系到每一个人的健康。这组《食品主题变奏》以变奏的手法来诠释了食品安全这一当下最大的社会话题。

《食品主题变奏》用非写实的手法从另一个角度去揭示理想与现实、美与丑的相互关系！警示人们在被美丽与梦幻感染和诱惑时不要忘记隐藏在它后面的隐形杀手！

这是一组用彩色银盐相纸直接曝光拍摄的作品，原作尺寸为1.1米x1.6米，相机是作者自制的。

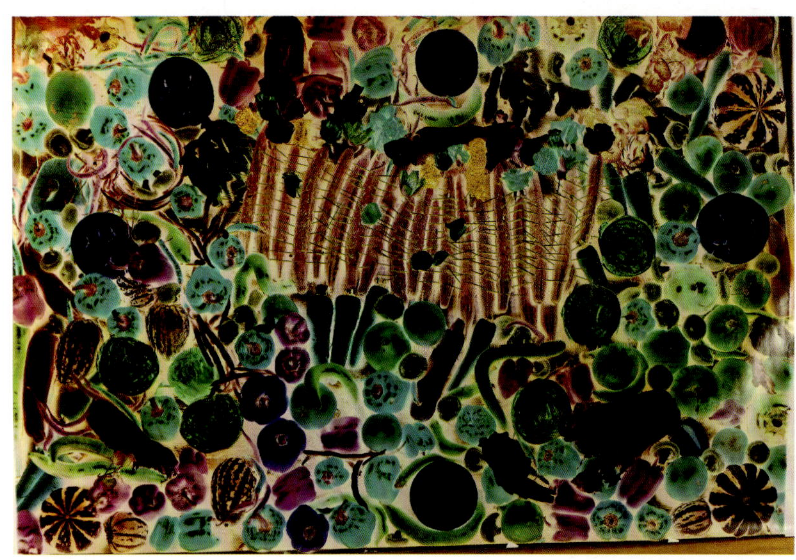

蔬菜催生

瘦肉精

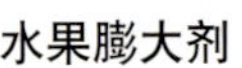

水果膨大剂

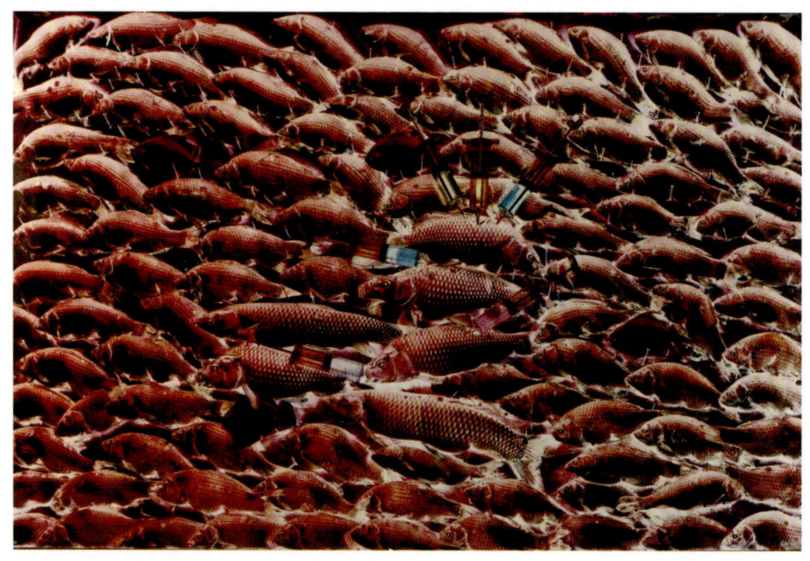

水产品添加

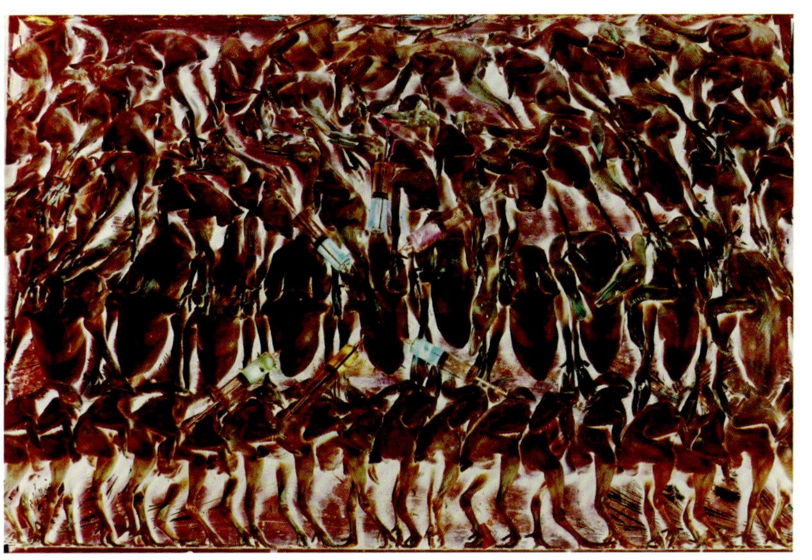
家禽注水

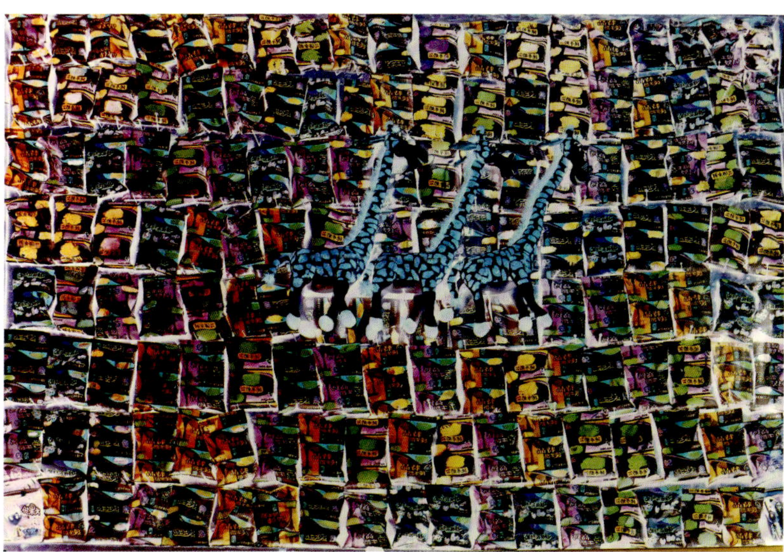
三氯氰胺奶粉

染色馒头

饮料添加剂

半在春波底 芳心卷未舒／摄影：李庆玉

映日／摄影：陈汉新

树·理/摄影：封建

写意白桦/摄影：高放

秦岭夏水柔如丝/摄影：李赞

硕果／摄影：任春才

深秋映月／摄影：石成华

终成正果/摄影：洪国忠

荷之印象／摄影：康树杰

荷塘写意／摄影：王素芹

荷塘月色／摄影：卢福香

光斑里的花朵／摄影：赵万一

国际水下摄影大赛中国选手孟庆然夺冠

有“史上最大规模水下摄影比赛”之称的2012年亚澳水下摄影挑战赛（Underwater Festival 2012 – the Australasia Challenge）于9月1日至30日在亚洲、大洋洲的25个与潜水有关的国家里同时举行。 根据赛事组委会的统计，约有来自全世界的一万多名水下摄影爱好者报名参加了这次比赛。经过激烈的角逐，中国水下摄影师孟庆然脱颖而出，一举夺得了三金二银，并获得本届比赛的总冠军头衔。

作品1号/摄影：孟庆然(获总冠军奖及“沉船”组第一名)

作品3号 /摄影：孟庆然（获“海兔”组第二名）

作品2号/摄影：孟庆然（获"生物行为"组第一名）

作品4号/摄影：孟庆然（获"水下人物"组第二名）

国宝大熊猫/摄影：张亦萍

国宝金丝猴/摄影：张亦萍

翠鸟／摄影：孟庆华

蜡蝉／摄影：钟玉梅

深圳梅林水库生态环境很不错，见过几种不同的蜡蝉，有白的，浅绿的，它们憨憨的模样很可爱。你可以用树枝轻轻地去碰它，它会慢慢躲到一边，你再碰，它再躲。第一次看到这种深绿色的蜡蝉，惊喜涌上心头，这颜色跟周围的色调完全一致，不仔细看，你发现不了这可爱的小精灵。

我被它在逆光下的光泽深深吸引，用闪光灯打了逆光，希望能把它的美丽记录下来。

青海鄂陵湖边的野生动物/摄影：李刚

2012年8月，我参加完中国（青海）三江源国际摄影节后，直奔青海的扎陵湖、鄂陵湖。上初中时，地理课本上就介绍说，黄河的源头在扎陵湖、鄂陵湖。在湖边的措日尕则山上，胡耀邦和十世班禅在此分别用汉藏文题词“黄河源头”，牛头碑就立在两湖之间的山头上。两湖一堤相隔，像两只蝴蝶、两颗明珠，湖周围是亚高山草甸，湖水朝蓝午碧，生态较为原始。湖边有不少的野生动物，也不怎么怕人。草原辽阔，人迹稀少。

旱獭

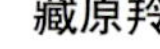

藏原羚

黄鸭

野驴

神农精灵（湖北神农架）／摄影：蒋聚荣

秋水池塘鸭声声／摄影：金福根

礼仪：拥抱/摄影：曲家文

礼仪：握手/摄影：曲家文

猛虎扑食／摄影：李长兴

在哈尔滨横道河子猫科动物饲养繁育中心，一群东北虎正在扑食饲养员喂食的活鸡，显示出野性、凶猛和矫健的雄姿。

空中飞舞／摄影：孙德俊

清晨成群的红嘴鸥，在翠湖湖面上下嬉戏、寻食，姿态万千，特别是在刚起飞或落入水面的瞬间，给人们梦幻的美妙感觉。

天歌/摄影：樊兆吉

山西省平陆县三湾村，地处黄河北岸，与河南省三门峡隔水相望。每年十一月底，从西伯利亚飞来越冬的数千只白天鹅，白天在滩涂觅食、戏水和飞翔，夜晚依偎在河湾里歇息。沿河群众十分钟爱远道而来的客人，对它们保护有加，当地政府还派专人每天投放部分玉米为天鹅补充食物，确保它们平安过冬。而这些可爱的精灵自然成为了当地靓丽的风景，吸引着远近无数的游人。

哺育之歌/摄影：张大义

夏日欢歌/摄影：张大义

更无柳絮因风起，惟有葵花向日倾/摄影：张大义

独来独往/摄影：薛杰

共筑爱巢\摄影：秦亚民

在水一方/摄影：周爱丽

起飞/摄影：魏天顺

黄河谣／摄影：马春雷

升腾——红嘴鸥／摄影：马健

2012年，摄于阿拉善盟额吉纳旗。

欢歌/摄影：郑学学

争先恐后/摄影：郑学学

盼归/摄影：陈紫玄

此图为创意照片，背景拍摄于泉州西湖，用移轴方式突出了刺桐花"家园"的温暖色调，两只白鹭为后期制作，用物拟人，突出"盼归"的意境。

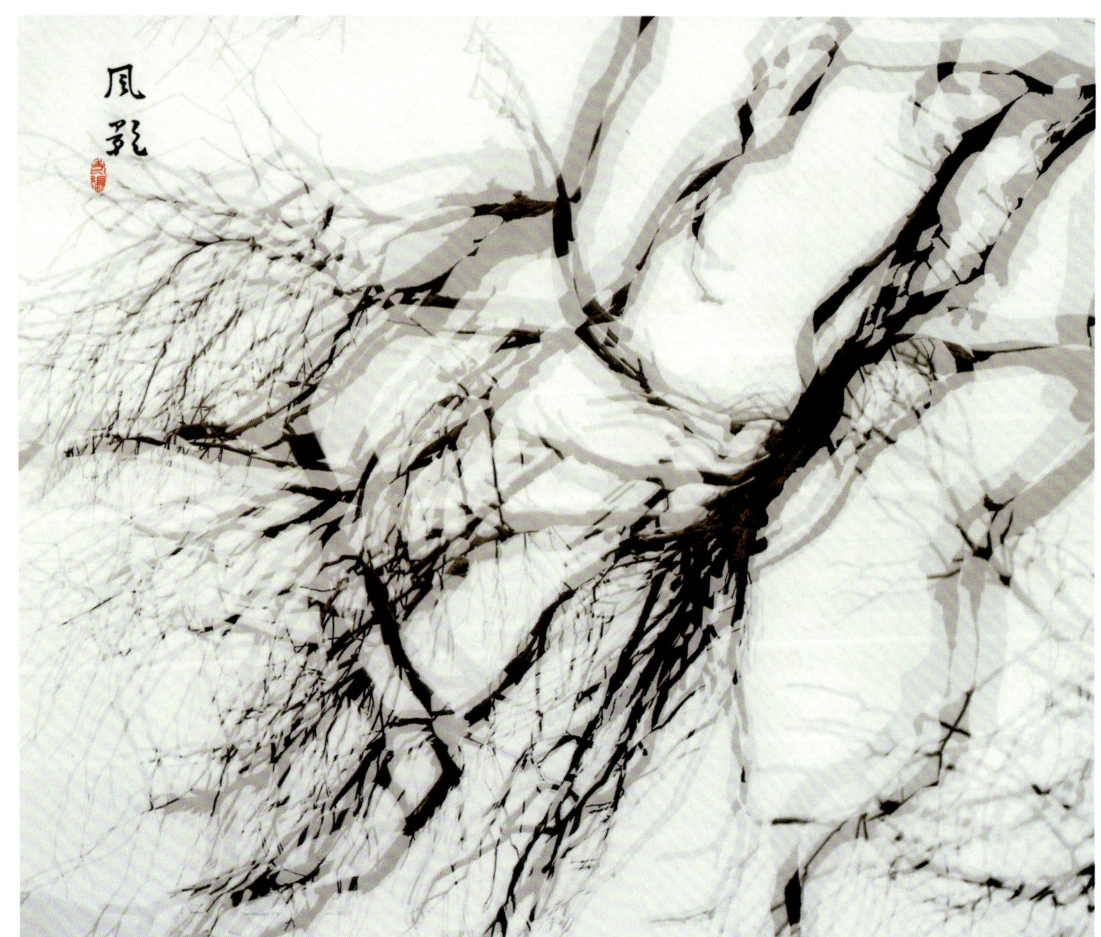

风影/摄影：张晞昌

摄影首先是审美，有平面的美，也有纵深的美。这景物本是枯树枝，平面看去并不美，但当你的审美空间拓展之后，它就变成"风影动"的效果了。

和谐家族／摄影：程竹林

地球之光与生命之源／摄影：王月

阳光给予我们这个星球上的一切，水是万物赖以生存的生命之源，它孕育了万物，这些像精灵一样自由地在水中憩息捕鱼的白鹭映照在晨辉中的生活场面，触发了我的灵感。

幸福的港湾/摄影：林树森

百鹭争鸣/摄影：高荣地

晨妆／摄影：李焕生

天鹅雪韵／摄影：朱尧

相映成趣/摄影：束兰根

飞扬的喜悦/摄影：束兰根

腾飞/摄影：杨高林

感受世间寒暑，人生冷暖，岁月无痕，心中有爱

一图胜千言，道义在肩

中国摄影艺术年鉴

贰零壹贰卷

走你！——航母style/摄影：网络图片

2012年11月24日，中国首艘航母“辽宁舰”成功完成舰载机起降训练。在媒体报道的图片中，起飞指挥员以半蹲姿势，右手食指和中指指向飞行甲板前端，代表“允许起飞”信号。这一手势引起了中国网友的浓厚兴趣，那潇洒帅气的动作被称为“航母Style”又名“走你！”。这张图片，让人感慨万千，它勾出了中国人的历史心酸、时代幽默和未来豪情，（此图作者不详，望知者与我编辑部联系）

山村小学——云南保山/摄影：朱宪民

组装车间／摄影：王玉文

渡海登岛演习/摄影：乔天富

“蓝色突击—2012”中泰海军陆战队联合训练/摄影：乔天富

狙击手／摄影：线云强

2012年6月16日，神州九号成功发射／摄影：翟钢

2012年6月16日18时37分24秒，这是每一个中国人值得骄傲的时刻，我国的神舟九号载人飞船发射成功，这是我国第四次载人飞行。神舟九号飞船将会与八个月前的天宫一号进行对接。中国人民解放军航天员景海鹏、刘旺和女航天员刘洋组成〝神九〞飞行组，执行中国首次载人交会对接任务。刘洋是中国首位参加载人航天飞行的女航天员，开创了中国女航天员进入太空的历史。

航天女英雄的军礼/摄影：齐国生

2012年11月13日　女航天员刘洋出席了2012年珠海航展开幕式。当主持人介绍出席嘉宾刘洋时全场报以热烈的掌声，刘洋郑重地向大家行以军礼。

较量／摄影：付潇翔

虎啸／摄影：付潇翔

夜袭／摄影：朱光伟

数字化尖兵／摄影：朱光伟

一线堡垒／摄影：朱嘉

中华魂／摄影：李宗印

特警手语／摄影：程新德

2012年7月10日，武警安徽省总队武警特警在训练中，以手语与战友相互配合。

平安结／摄影：朱光伟

雷锋纪念馆／摄影：乔天富

检阅／摄影：李小韬

雪地行军／摄影：田志伟

清渣/摄影：高玉峰

精细／摄影：谢长兴

农民当上炉前工／摄影：刘晓君

老道口／摄影：梁建勇

最后的蒸汽机车／摄影：程旻

三轮车夫／摄影：梁建勇

矿工——最后的小煤窑/摄影：彭向东 准北的小煤窑，这是矿工出勤时的场景。现在这座小煤窑已被关闭。

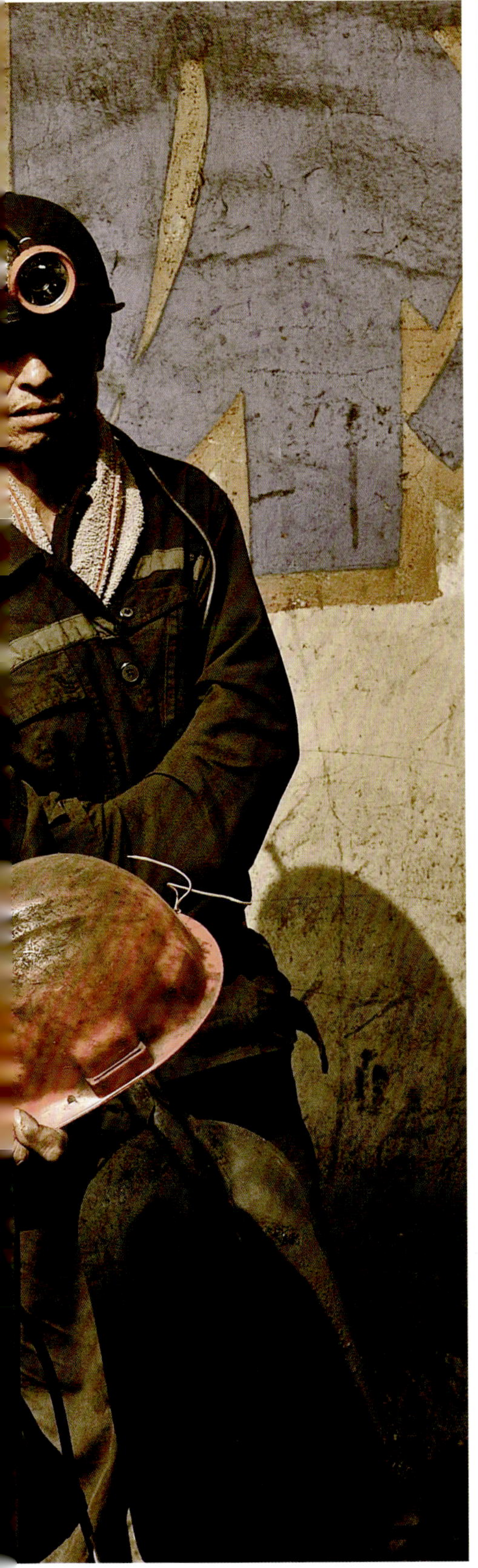

别样舞台/摄影：王仁伟

装卸工/摄影：姚建强

摄于天津塘沽贻达仓储。

收海蛎/摄影：赵政国

海带加工/摄影：王洪刚

都市表情/摄影：谢军

子夜凤凰／摄影：贾伟城

武当／摄影：李宝祥

《毛主席是我们家里人》专题摄影／摄影：孙大虹

这些照片是从作者《毛主席是我们家里人》专题摄影作品中选出的，真实纪录了全国各地以及各族百姓家里挂有毛主席像的生活场景，它收藏了生长在各民族之间生生不息的真实情怀，是中华民族大团结的真实缩影，也是作者向党的十八大的一份献礼。

国旗班 北京天安门

毛主席铜像广场 湖南省韶山

独龙族（云南省贡山县）

侗族（贵州省从江县）

珞巴族（ 西藏自治区米林县）

桔子洲头　湖南省长沙市

畲族（浙江省景宁畲族自治县）

水族（贵州省三都水族自治县）

哈尔滨工程大学校园 黑龙江省哈尔滨市

特钢厂毛主席塑像 贵州省贵阳市

鄂伦春族（黑龙江省黑河市）

《毛主席是我们家里人》专题摄影/摄影：孙大虹

朝鲜族（吉林省图们市）

中山广场 辽宁省沈阳市

民族广场 广西省南宁市

满族（辽宁省新宾满族自治县）

毛南族（广西壮族自治区环江毛南族自治县）

入神 四川省成都市

仫佬族（广西壮族自治区罗城仫佬族自治县）

羌族（四川省北川县）

蒙古族（内蒙古自治区陈巴尔虎旗）

怒族（云南省贡山县）

景颇族（云南省陇川县）

爱建广场 黑龙江省哈尔滨市

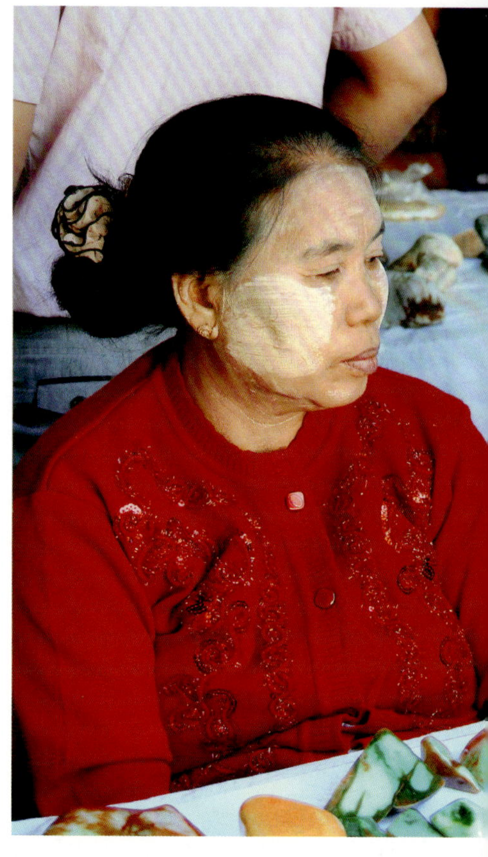

翡翠成品批发零

百姓玩玉/摄影：邓喜平

玉，素有尊贵、吉祥和纯洁的象征意义，千百年来与中华民族有着不解之缘，对中华民族有着深远影响。可是，在封建、半封建和半殖民地时期的中国，由于经济落后，社会等级森严，玉成为了供达官显贵享用的奢侈品，如玉玺被作为权力的象征，一般普通百姓只能是望而生畏，享用不起。新中国成立后，特别是国家实行改革开放以来，城乡居民的生活和收入有了显著的改善提高，玉逐步进入到百姓大众的生活之中，消费市场活跃广阔，价格贵贱不一，成为百姓的一种生活时尚和投资方式。地处中缅边境的云南省瑞丽市姐告边境贸易区与缅甸的木姐市陆路相通，两城相望，姐告口岸是云南省最大的陆地口岸，边境贸易发达，边民互市热闹，每天到姐告边境贸易区观光、购物的客人络绎不绝。缅甸是盛产翡翠玉的国度，玉的出产地与瑞丽相距不远，近二十余年来，从缅甸进入我国的玉石、玉器大部分是从瑞丽姐告口岸入境的，使瑞丽城及姐告成为了云南乃至中国缅甸翡翠玉的集散地和交易中心，位于姐告边境贸易区内的玉城市场，别具一格，形成了百姓识玉、赏玉、玩玉、买玉、卖玉的独特景象，客人进入市场后，不分国籍，不分种族，可以自由交谈，自由选看，讨价还价，无拘无束。让初识玉者，打消了过去对玉神秘莫测、贵不可攀、不敢问津的念头；让识玉者，如鱼得水，在淘宝鉴宝的氛围中自由发挥，他们或小试牛刀买毛石赌运气，或买明石或玉器收藏配用，或又转手倒卖，目的不一，五花八门。透过照片让人们看到的正是：玉有贵贱众人爱，吉祥如意进万家。

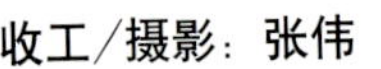

收工/摄影：张伟

祁连炊烟/摄影：周迅

祁连山脉位于青海省东北部与甘肃省西部边境，夏初时节，万物繁茂，全然没有苍凉萧条之感，反而是鲜花似锦，满目葱茏。尤其在祁连县境，那一份结合南北，融化东西的美景让人流连忘返。

草原叼羊赛／摄影：王辉

一年一度的赛马会是草原牧民们的盛大喜事，而叼羊赛更是最重要的比赛项目，骑上最精良的马匹，穿上最美的服装，牧民们要在叼羊赛中用自己的智慧展示高超的草原骑术，把最精彩的比赛奉献给八方嘉宾。

牧羊图／摄影：王珊

西乌旗的那达慕盛会／摄影：尹素媛

草原冬日的那达慕格外热闹，好像是过春节，每家老小都穿上漂亮的民族服装，牵着骆驼，拉着爬犁，走进宽阔的草原来参加盛会。过去，骆驼是交通运输工具，用它转场，驮东西。现在每家都有私家车，骆驼成了宠物，也是财富的象征，并且用来在那达慕上参加表演比赛。

草原之家／摄影：尹素媛

那达慕大会期间的一个早晨，一家三代，站在自家的骆驼旁边。

坝上冬景／摄影：高海军

追风逐电去如飞／摄影：荆惠芝

2012年5月28日，内蒙锡林郭勒盟东乌珠穆沁旗举办的首届“蔚蓝的乌珠穆沁”马文化那达慕大会上拍摄的。马文化那达慕是以“马文化”为主题进行的蒙古族传统的赞马、套马、驯马、马术、打马鬃等多项表演活动。

征虹起长空/摄影：白玉祥

草原之恋／摄影：莊黎民

骏马奔腾／摄影：卢伯生

羊光大道／摄影：高志平

出牧／摄影：王金

踏平边塞黄沙障／摄影：罗毅

罗支长者主持拜神龙仪式

请大哑巴上轿

原生态彝族“哑巴舞”/摄影：李春华

每年的农历正月初八，云南省大理州祥云县都要隆重举办大营彝族文化哑巴节。“哑巴节”是祥云县禾甸镇大营村历代相传的一个彝族民俗节日，至今已有上千年的历史。“哑巴节”不仅是个单一的民俗节日，并且包含了一系列内涵丰富的彝族文化。在“哑巴节”的整个活动流程里，有历史、哲学、伦理、天文、地理、文化艺术、科技（医药与农技）等方面的内容。在当地盛传，举行“哑巴节”可给人们带来风调雨顺，并能辟邪免灾，家庭兴旺。整个活动古老而不俗气，盛大而不迷信，具有较浓的民族特色。大营彝族文化哑巴节通过原生态彝族“哑巴舞”的表演，告诫人们不能忘记辛勤劳动换来的美好生活，更不能忘记给彝家带来幸福的祖先。

哑巴们在跳着

迎接大哑巴

彝族老虎笙／摄影：张辉

彝族崇拜虎，以虎为图腾，自古有虎的民族、虎的后代的说法。农历六月的彝族火把节，彝族汉子扮成老虎，载歌载舞，古朴原始，表达着对万物之神，彝人共同的祖先虎的崇拜。

小枪手／摄影：孙喜瑞

2012年1月29日，贵州黔东南的岜沙苗寨是中国最后带枪部落，14岁以上男子都有自制火药枪，从他们的装束看，好像远古走来的武士。

苗家小小芦笙手／摄影：李志国

贵州苗族能歌善舞，村村寨寨几乎都有文艺演出队，热情欢迎远方来客。瞧，这小家伙也不甘示弱。

草原恋歌／摄影：罗旭

新疆哈密伊吾县是哈萨克族居住地，每当节庆之日，能歌善舞的哈萨克姑娘们都着华丽盛装，她们以大地为舞台，夕阳为灯光，尽情地展露才华，瞧这些姑娘早已陶醉在这霞光之中了！

广西环江分龙节—三界公祈福

广西环江分龙节—龙舟赛

/摄影：高健生

广西环江毛南族自治县是毛南族的聚居地。龙是毛南族的民族图腾，其影响在毛南族人民生活中无处不在。龙的最大节日是分龙节，又叫五月庙节。毛南族“分龙节”已被纳入广西民族节庆文化十大品牌之一，是居住在环江境内毛南族群众一年一度的盛大传统节日，也是毛南族祈神保佑丰收的传统节日，于农历夏至后的第一个辰日（龙日）前后举行。“分龙节”活动内容包括敬祭仪式、民族体育竞技表演、山歌对唱、民族特产及工艺品展销、民族文艺晚会、千人傩面狂欢篝火晚会等。

广西环江分龙节—狂欢之夜

广西环江分龙节—龙舟赛开幕式上的毛南族姑娘

广西环江分龙节—龙舟赛

林芝桃花盛开的季节／摄影：黄福成

小伙伴/摄影：张艳

广西侗族少年/摄影：翟钢

新疆穆尔塔拉的孩子们/摄影：张弛

黄河的渡过／摄影：高健生

2012年8月，青海循化县清水湾阿什匠村的撒拉族村民依然使用古老的方式渡过汹涌的黄河。

山村秧歌队／摄影：赵熙春

贵州松桃苗族绝技／摄影：乔启明

水乡庙会／摄影：张来芳

浙江绍兴是个古老的水乡，人杰地灵，被称为东方的“威尼斯”。庙会是古代人们为经济交流、文化交融的一种特定市场。白天是各地土特产交换的集散地，晚上上演戏剧曲艺。

风雨欲来／摄影：张大明

亲情/摄影：柏建华

重庆市酉阳县是土家族自治县，同时也有苗族人聚居的山寨，在石泉苗寨居住着上百户苗族人家，在所有苗族人的家中，都有火堂，到冬天，人们围座在火堂上，边烤火边聊天，边吃饭，一家人有说有笑，十分和谐。

侗族大歌会/摄影：苏志勇

2011年12月拍摄于黔东南。

回眸/摄影：阚蓉

小卖/摄影：李文红

梦回故乡／摄影：段文杰

四川省峨边县黑竹沟。

彝人／摄影：苏立锁

晒网／摄影：舒雅

火焰山下的营生／摄影：李得合

虔诚／摄影：陈凌

转山／摄影：陈韶华

信仰与寄托／摄影：刁玉杰

佛光普照／摄影：何瑞文

哈萨克驼女——阿依古丽／摄影：迟鸣明

藏族少女／摄影：王玉海

屯堡寺庙的供养人／摄影：李建军

力降蛮牛／摄影：盛仁昌

王者／摄影：孙杰

每年阴历6月24日是彝族的传统节日火把节，在这节日中最重要的一项习俗就是"斗牛"。"斗牛"在彝族的节日中预示来年风调雨顺，日子红红火火。一头在竞赛中获得胜利的公牛，追赶败下阵来的对手！胜者乘胜追击，败者仓惶逃窜，正是胜者为王的真实写照。

龙年独木龙舟荡起来／摄影：彭年

2012年06月20日，贵州省黔东南苗族侗族自治州台江县施洞镇一年一度的端午节龙舟赛。苗族同胞划着独木龙舟沿着清水江“串”苗寨，十里八乡的苗族同胞喜迎独木龙舟靠岸，纷纷用红布条挂在龙头上，祈求风调雨顺，平平安安。

较量／摄影：牛金岭

斗羊比赛是黄河古道地区广为流传的一项充满刺激的民俗活动。2011年4月7日，在安徽省砀山县的梨花园内，正在展开一场特殊的比赛。在主人的煽动下，两羊腾空而起冲向对方。羊的主人呐喊着为自己的选手加油助威。

祖居——兴裕楼/摄影：林海

祖居——振兴楼/摄影：林海

苗族石板寨／摄影：肖殿昌

黎家乐手奏欢歌/摄影：蒋聚荣

文山彝族女性服饰/摄影：孙红军

云南文山彝族村寨的人们一直沿袭着本民族的服饰传统，不同年龄段的孩子要穿着不同的服饰。

童趣／摄影：张志国

藏女／摄影：杨海燕

老茶馆／摄影：张渝光

古城夜市／摄影：张友富

看皮影／摄影：朱新华

戏前偷闲／摄影：盛有云

2012年2月5日摄于浙江浦江农村社戏现场。每年春节，送文化下乡，忙于赶场的演员在演出前忙里偷闲，晒晒太阳。

幸福一家/摄影：吴云飞

塔吉克人家的厨房/摄影：殷观亮

老家的黄碱粿／摄影：张万春

闽北农村，春节时家家制备黄碱。如今时兴代加工，作坊生产。虽少了些温馨，却多了些热闹。

端阳五月／摄影：曾振国

中华传统——祭谱／摄影：郑奇荣

秋天的农家小院／摄影：黄正东

合福源／摄影：陈建华

重庆大足。天空下着小雨，卖香烛的几位老年妇女，因为顾客稀少而打着盹，无精打采。香烛与人物不仅形成了画面节奏，而且有数量多少单双变化的趣味。背景古建筑画梁雕栋却已经斑驳陆离，衬托出人物无可奈何的冷落心情。匾牌“合福源”无疑是美好的祝愿，而生活总是现实的，二者形成了反差，引人思考。

爱抚／摄影：李居传

昆明市政府原办公大楼成功爆破／摄影：王宇衡

2011年12月25日10时，昆明市政府原办公大楼成功实施爆破拆除。昆明市政府原办公大楼始建于上世纪90年代中期，建筑面积30911平方米，建筑高度为82.56米。

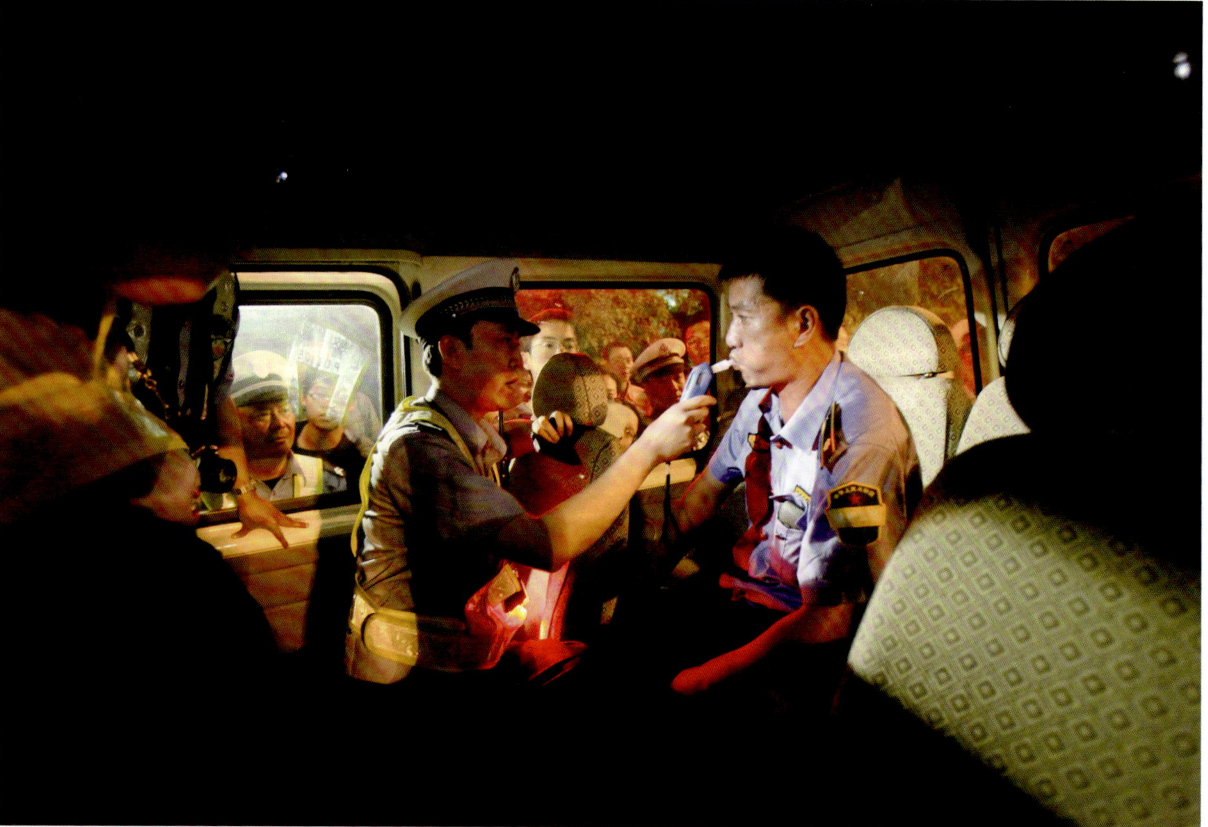

都是"临时工"惹的祸——昆明查获醉驾城管／摄影：王宇衡

2011年5月1日，"醉驾入刑"开始在全国实行。2011年5月18日10时10分，昆明广福路检查点，一辆银色越野车被交警拦下，走下车的驾驶员身着写有"行政执法"字样的蓝色制服，嘴里喷着酒气。他捂着脸大叫大嚷"我是城管，不许拍"，经过抽血测定该男子血液酒精含量为287毫克/100毫升，属于严重醉驾，涉嫌危险驾驶罪被立案调查。后经该男子单位证实此人为"临时工"，已经解聘。

依依不舍告别昆明巫家坝百年机场/摄影：李一波

2012年6月27日晚21点40分MU5945航班是昆明巫家坝国际机场关闭前最后一个航班，乘客有点伤感和不舍，隔着机舱挥手告别这个已经安全运营90多年的老机场。

美院万人大赶考／摄影：汤亚辉

2011年3月10日，参加鲁迅美术学院艺术设计和动画专业考试的考生在进行专业课考试。当日，鲁迅美术学院大连校区，有来自全国约11000名报考者参加了考试，计划录取1150人，报名和录取人数均超过往年。

春来桃花红／摄影：喻星源

腊肉飘香／摄影：林娇蓉

轿车进农家／摄影：王朝瑞

乐度晚年／摄影：梁茂超

他们是在不同岗位退下来的老同志，每天清晨，相聚于广场、公园，唱歌、跳舞、叙旧，共享第二个春天。

乐在其中／摄影：罗兰芳

心系迁情／摄影：周筱明

重庆弹子石这条老街终于全部拆迁完毕。老百姓经常故地看看，住了这么些年怎么也有感情，兴许还回迁哩。

长相依／摄影：韦敏

广西阳朔县兴坪镇。老渔翁与鱼鹰深情交流的眼神，体现两者之间不离不弃，风风雨雨，长相厮守的深厚感情。

奉献/摄影：康智

车展上风光一时的是模特，她们衣着鲜亮、打扮入时，在闪光灯的照耀下，频频地变换着姿势，引来一阵又一阵的骚动。在我的眼里，真正闪光的是那些在车展现场默默奉献的保洁工人，是她们辛勤的劳动才换来大家的舒适环境，这些辛劳的员工才是我们应该歌颂和拍摄的焦点。

川西正月赶集/摄影：郑兴明

舞台幕后/摄影：涂成钢

传承民俗/摄影：方通泉

棚仔艺起源于清朝乾隆年间早期，由福建省龙海市角美镇锦宅村人进士及第黄民光首创，是宫廷内庆典时的一种表演形式。后传回家乡锦宅村，成为村人挂香请神时用的一种民俗活动，是福建省非物质文化遗产。

渔网情／摄影：赵扬名

逆光下，层叠的网箱色彩更加艳丽，渔公在搭建的平台上观望鱼跃，如同是一首恬静的小诗。

晒网／摄影：颜炳初

福建霞浦。休渔晒网的渔民与休闲摄影的游客点缀在鱼网构成的美丽图案中。

晨牧／摄影：辛明原

浣／摄影：徐毓其

2012年10月18日拍于安徽泾县桃花潭。

农忙时节／摄影：卢志宏

藕得／摄影：费上来

2012年夏天，挖藕人冲洗刚挖出来藕枝。

抓蛏子／摄影：蔡东

农事图／摄影：曹毅强

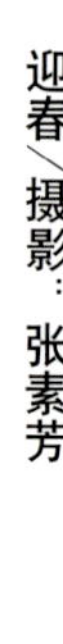
迎春／摄影：张素芳

雪耕／摄影：王保元

2012年春节刚过不久，吉林长春南湖公园用雪耙犁把冰上的雪犁成雪垄。据说这样是为给冰下的鱼增光和氧。

山村构成／摄影：周裕明

古树下／摄影：荆民丰

2012年8月20日，在福建霞浦的杨家溪，有个渡头村，那里风景优美，公园里有数棵古树，据说已有千年树龄。就在离此不远的地方，住着一位82岁的老妪，虽然子女满堂，仍坚持生活自理，还能跳水做饭种菜。

香港金龙迎龙年／摄影：周培莉

2012是香港回归祖国15年，恰逢龙年春节，很是热闹，金属龙虽然很重，但舞龙的人非常给力，兴高采烈，全民欢庆。

佛事／摄影：王宝明

浙江台州黄岩的瑞岩寺，我国东南的一座名寺，是日本佛教曹洞宗、临济宗的祖庭，始建于东晋时代，距今已近1700年的历史。

舞剧《天堂鸟》/摄影：赵升录

海南本土舞剧《天堂鸟》浪漫演绎民间传说，弘扬孝心、爱心、感恩等中华传统文化理念，表现人与自然、人与社会的绿色和谐。

新潮/摄影：苟寿成

2012年1月摄于重庆璧山县。家人离世开个追悼会，请演出公司表演节目，已成为南方一些城乡悼念死者的一种新时尚。

龙游火海／摄影：江先梅

在广东省广宁县一带的农村里，过春节时有个的传统习俗——爆龙。每到年初二至二十期间，由村民集资请来舞龙队，供村民爆龙，祈祷新的一年消灾辟邪，风调雨顺，五谷丰登，添丁增寿，好运发财，表达了广大人民群众对幸福生活的向往。到了夜幕降临，村民酒足饭饱后，围着舞龙者，用一串串燃烧着的鞭炮，抛向龙头、龙身、龙尾以及舞龙的人，一时间，火光冲天，烟雾弥漫，舞龙者舞着龙在火海里翻腾穿梭，有如金龙在腾云驾雾。整个活动一直到龙头、龙身、龙尾被爆烂为止。

祈求／摄影：廖献斯

广东东莞农村用传统舞麒麟的形式庆新春，祈求风调雨顺。

公推直选村委会／摄影：杜剑

浙江省永康市龙山镇马山头村在推选村委人员。

作坊飘香／摄影：姜新民

这是一幅低调的作品，现场的侧逆光勾勒出“富田桥干子豆腐作坊”，微微升起的水蒸气给作坊增添了气氛，大面积的黄色调使人产生了幸福和希望之感。

田园牧歌/摄影：毛尧泉

成功的喜悦／摄影：朱晓明

2011年10月，杭州，全国第八届"残运会"闭幕式，演职员在一台高质量、高水平的文艺表演后，喜形于色。

"翠花"上菜／摄影：孟华卿

山西晋中市太谷县一个乡村喜宴厨房内，摆放整齐的冷菜和准备上菜的姑娘们，喜气洋洋，有说有笑，一旁大厨们挥瓢舞铲，锅内香气扑鼻，好一派欢快场景。

乡村映像／摄影：刘少宁

待到心花怒放时／摄影：陈伯英

一缕斜阳透过树荫和车窗，照亮新娘妩媚的脸蛋，车里车外的心花竞相怒放。2011年11月5日摄于福建莆田西天尾镇龙山村。

快乐人间／摄影：易芝福

放学归来／摄影：张彦民

老茶客／摄影：吴德周

安徽省濉溪县临涣镇，是江淮地区远近闻名的古茶镇，临涣茶馆始于明代，至今已有600余年历史。沏茶用水沿用古镇南端的龙须泉水，茶叶皆为六安茶棒，故名“棒棒茶”。茶馆里飘出的阵阵清香吸引着方圆百里的众多茶客前来品尝。在这里，5毛钱一壶的棒棒茶，由茶客尽情享受。茶客或下象棋、打扑克，或说书、唱大鼓，三五一桌，谈天说地，其乐无穷。

戏曲传人/摄影：贾峻峰

以“弘扬民族文化，推广戏曲艺术”为主旨的辽宁省“中国戏曲推广日”活动，每月17日举行一场来自全省的普通戏曲爱好者和票友参加的演出，深受欢迎。图为来自鞍山年仅7岁的赵源熙在准备表演京剧《徐策跑城》。

慈母手中线/摄影：黄立琴

京沪高速铁路通车运营/摄影：刘坤弟

京沪高速铁路是世界上一次建成线路最长、标准最高的高速铁路，也是我国建国以来一次投资规模最大的建设项目，掀开了我国建设发达的铁路网、构建现代化综合交通运输体系的崭新一页。图为2011年6月30日15时，京沪高速铁路首发列车G1次正点驶出北京南站。

南戴河海滨纪影/摄影：车梅

假日的南戴河海滨，刚刚下过雨的街道，游客饶有兴致地骑着双人脚踏车，路面的积水倒影，更增添了几分惬意。

春天的记忆/摄影：翁兴天

吻/摄影：袁忠恩

豫南“五·七干校”寻影/摄影：孟延军

1969年前后，国家外贸部、一机部、物资部、铁道部、中国科学院、对外文委、对外经委、国家科委、团中央、全国总工会等中央机关单位，相继在豫南地区办了“五七”干校。多部委整体“落户”豫南，在全国形成了罕见的“五七”干校群。

据资料记载，曾有数百位部级干部，数万名科学家、文化学者及其家属在这里劳动锻炼，度过了长达四年的艰苦岁月，堪称史无前例，蔚为大观。

四十多年过去了，面对当年的遗迹，往事不堪回首，但却不能忘记！

对外文委“五·七干校”：沿着毛主席指引的“五·七”道路胜利前进。

国家科委“五・七干校”：只有社会主义才能救中国。

中国科学院哲学社会科学部“五・七干校”：墙上密密麻麻地写满了毛主席语录。

中国科学院哲学社会科学部“五・七干校”：钱鐘书、冰心、俞平伯、何其芳……一颗颗巨星都曾在这山墙下背诵最高指示。

铁道部“五・七干校”：事实证明：万岁中所包含的担忧甚至是焦虑要多于期望和祝愿。更多的是无奈下的吹捧。

全国总工会“五・七干校”：如今成了基督教徒们的聚会场所。

对外经委“五・七干校”：千万不要忘记阶级斗争。

遗迹——长城烽燧/摄影：于志新

人生无数次的回眸／摄影：李日宁

隔墙隔代／摄影：李日宁

晋西谣——碛口古镇纪影/摄影：夏杨福

山西临县的碛口是万里黄河上一个重镇，鼎盛之际，水上舟船穿梭，岸上商贾如云，形成了商界众所周知的一个重要黄金码头。自20世纪30年代末始，经历了黄河水患和战争毁灭，碛口，慢慢翻过了它200多年的发达史。

走进碛口，就如同走进一个编织了千百年的梦，那梦境中写满的旧时繁华与时代变迁，民风依然朴实的古镇，至今乃保持着传统的生活方式。

初夏/摄影：吴海广

码头/摄影：李巧

商街/摄影：孙冬敏

乡绅/摄影：陈返川　老汉今年90岁，眼不花耳不聋，以前是教书先生，一向衣冠楚楚，爱看电视喜读书，每天都要坐茶铺。

历史人物／摄影：方玲莉

摄于浙江省永康市长塘头村。一群老人坐在领袖画像前聊天，其实老人也是历史中的人物。

空巢老人／摄影：沈浪宁

2012年4月22日摄于永康市唐先镇谏庄村，通过对一位老人日常生活瞬间的记录，希望全社会都重视关爱空巢老人。

古庙晨辉/摄影：金光永

青稞架下的女人 申昌协

广武村全家福／摄影：何永毅

广武村是山西省朔州市长城脚下的一个村庄，天气晴朗的一个上午，有幸拍到了“广武全家福”。

影展办在农家院／摄影：鄂晔

拍摄于2012年9月8日山西省山阴县广武村。由山西省山阴县委，县政府主办的首届《中国·山阴·我家在长城下》旅游文化摄影展。摄影展在长城下的山阴县广武村举办，展出了我国60位多位著名摄影家的500多幅摄影作品，作品以不同的形式分别布置在村中的各个农户家的宅院里，由农户的主人来管理。

幸福时刻／摄影：顾晓林

乡村理发店／摄影：顾兆明

童心未泯的航天科学家/摄影：齐国生

2011年1月22日中国航天科技集团公司举行了春节团拜会。图中的两位老人是航天科学领域泰斗级的科学家，左边一位是陆元九，现年92岁，为中科院院士、中国工程院院士；右边一位是张吕谦，现年86岁，为中国工程院院士。在欢乐的传统节日上，虽已耄耋，却童心未泯，戴上小兔子帽，流露出孩童般的天真烂漫。

红墙／摄影：高兴建

风情街之夜／摄影：牛世云

弱光摄影，用慢速度抓拍，描述了风情街夜晚灯火辉煌，色彩斑斓，人们到异国情调的餐厅、咖啡厅休闲娱乐享受生活，本片表现了浓郁的时尚氛围。拍摄过程中值得庆幸的是，在已按动快门时，两个拿着彩灯的孩子走过，画面出现了虚化的彩带，增加了梦幻般的情节。

宴月／摄影：刘红华

为寿星过生日／摄影：陆念祖

摄于江阴市徐霞客镇王大村，村里为一位百岁老人过生日。

大山的孩子／摄影：胡志生

拍摄于山西省运城市芮城县风陵渡镇中条山里西侯度古遗址。

快乐的童年／摄影：黄鸿放

拍摄于广西桂林市临桂县，孩童们兴高采烈，蹦蹦跳跳，用荷叶遮挡头部，欢声笑语，多开心啊！

坚守与传承／摄影：王巽庠

提线木偶是浙江建德列入“非遗”名录的传统艺术，如今只有一些上了年纪的老人仍坚守着这门面临失传的艺术，几乎没有年青人愿意学习和继承。面对三位小女孩疑惑的神态，两位老人还是认真在排练，希望下一代能继承和发扬传统艺术。

迎新人／摄影：陈锦耀

在雨中／摄影：萧禾嘉

七彩童年／摄影：杨爽

摄于2012年6月24日丽水的一个幼儿园。如果说人生是一首动听的旋律，那么童年则是旋律中优美的音符，那么动听，那么精彩，不禁让人沉醉其中。童年就像是一幅七彩的画卷，充满了乐趣，幸福和温馨！

童年游戏／摄影：项柳婧

2011年7月25日摄于浙江省永康市，几位小孩在玩游戏，童年里有着很多快乐的日子。

开学／摄影：王捧

摸你一个幸福 /摄影：郑明

每年五月初，一年一度的东方狂欢节佤族“摸你黑”在云南沧源县开幕。“摸你黑”源于佤族民间用锅底灰、牛血、泥土等涂抹在脸上驱邪祈福求平安的习俗，“摸在姑娘脸上，寄望姑娘越来越漂亮；摸在老人的脸上，祝福老人长寿健康；摸在小孩脸上，希望小孩平安吉祥；摸在朋友脸上，期待友谊地久天长；摸黑满脸，代表开心永久、快乐永久；摸得越多，意味着幸福就越多。”

未来之星／摄影：张晓梅

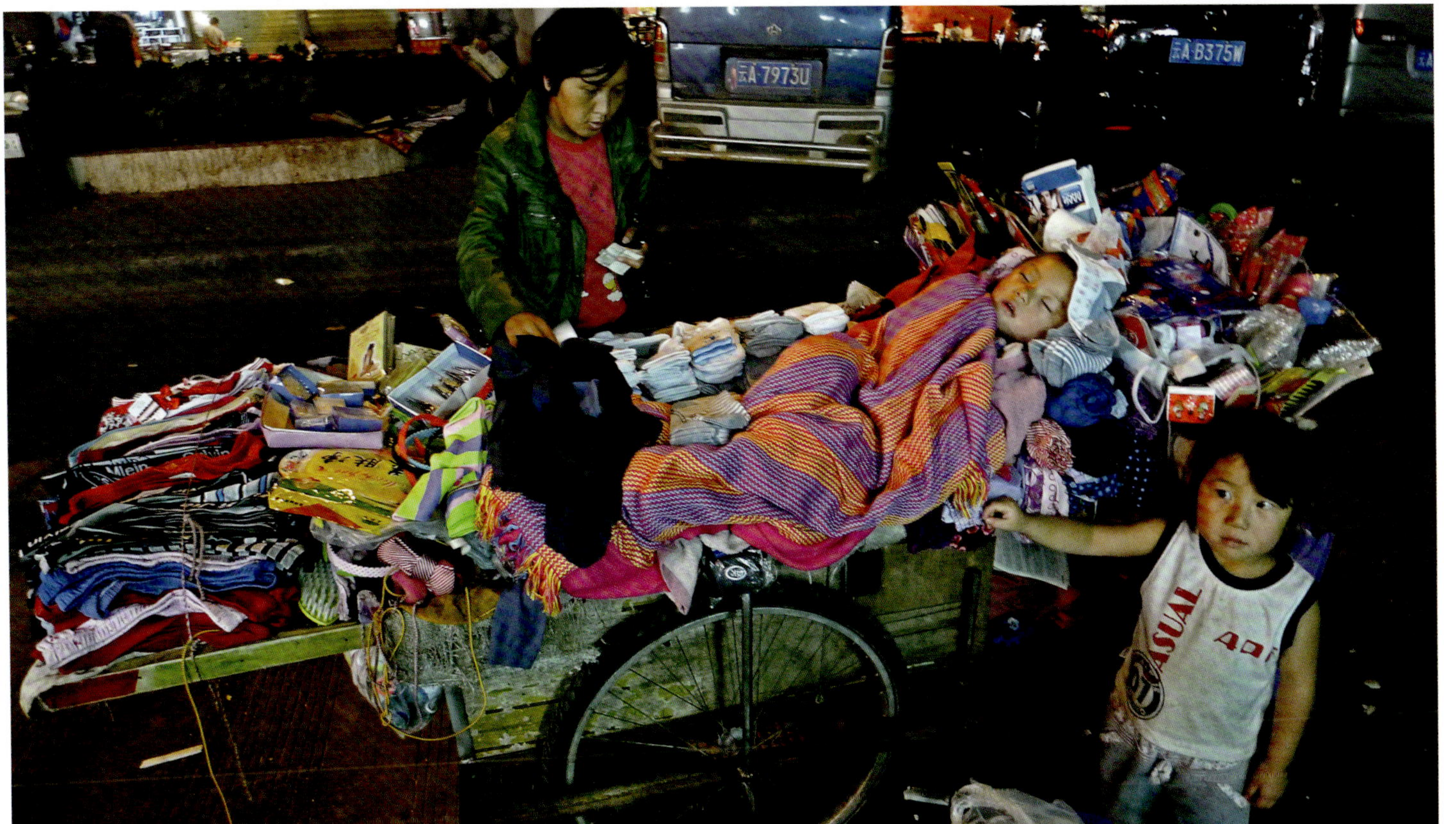

夜市／摄影：张晓梅

精打细算／摄影：黄鹤翰

放学后，小男孩去帮摆地摊的妈妈盘点当天的生意。

金秋柿光／摄影：卢伯生

驶向光明／摄影：郑明

妇唱夫随／摄影：吴小地

岁月如烟/摄影：许怀祥

乐在其中/摄影：许怀祥

嘎小子俏媳妇/摄影：王武

祭/摄影：牛林

祭河神，是陕北佳县黄河沿岸一些村庄沿袭至今的祭祀活动，人们用这种形式乞求来年风调雨顺、五谷丰登。我特意用近乎单色的暗调来强调这种传统的神秘和久远。

菩提荫庇／摄影：白永红

不管是否信仰佛教，站在龙门石窟卢舍那大佛前都会从心底产生对佛的敬仰。我运用长焦镜头虚化前景，枝叶与人物互衬，更添佛法无边，护佑众生的庄严神秘之感。

午钟／摄影：王小毅

潮起潮落总有情/摄影：詹智玉

渔家福地/摄影：黄敏超

勤之韵／摄影：赵辉

惠安位于福建省东南沿海突出部，地处泉州湾和湄洲湾之间，是闽南著名侨乡和台湾汉族同胞的主要祖籍地之一。惠安女子素以吃苦、耐劳、俭朴、持家名闻遐迩，更以其奇异的服饰蜚声海内外。不论春夏秋冬，也不论田间地头，采石、盐田场上，你总能看到惠女们披花头巾、戴金色竹笠，上穿湖蓝、白色斜襟短衫，下着宽大蓝、黑裤，勤劳，健美的身影。惠女服饰虽历千年略有衍化，但风格依旧，盛行不衰，因而引人注目，发人探研。

雪乡车夫/摄影：高宪杰

深宅岁月/摄影：朱跃中

鸭绿江边／摄影：刘征

百年老店／摄影：朱静（江苏省扬州市）

亲情／摄影：刘洋

秦岭脚下的院子／摄影：赵小林

格式化优雅/摄影：李亚隆

中国的中产人群是伴随着工业化、现代化快速延伸的多元群体，其文化、品味、价值观念有很大的差异。但在商业时尚、特别是消费主义文化的推波助澜下，他们正以格式化的优雅诉说他们是怎样的人，想成为怎样的人。

张玲，拥有摄影器材和餐饮两家公司。打小就想做模特，羡慕模特天天穿新衣。现在可以随意买新衣了，但是每天早上起床后还是觉得没有衣服穿。

薛猛，文化传播公司总经理。他每天起床第一件事，是做30个以上俯卧撑，至今坚持了二十年。在“三峡恋”演唱会搭台现场，薛猛借俯卧撑预测演唱会的商机。

王东伟，商业综合体开发公司董事长。在办公室建了一个45平米的鱼池，鱼是从日本空运来的锦鲤。重大决策前，难题缠身时，他常常在鱼池上躺一会，与鱼儿交流一下思想。

冰上芭蕾/摄影：陈张平

彩墨丹青——苏醒/摄影：于沈光

彩墨丹青——追梦／摄影：于沈光

驰／摄影：吕仁仲

2011年10月无锡环太湖国际自行车赛。

失蹄／摄影：盛仁昌

最终记忆／摄影：胡义杰

老静安下只角的形态还或多或少的留存着，这些有着时代陈迹的粉墙灰瓦和有着时空跨越感的回廊构架，在怀旧中直击人心，将成为那段特定历史的最终记忆。

期望／摄影：文建军

蜕变／摄影：文建军

凤凰涅槃／摄影：文建军

单纯／摄影：文建军

林中仙女/摄影：于峰

自摄影诞生至今，摄影与绘画的视觉形式语言，分分合合终始相伴而行。早期摄影作品很多即是对绘画的模仿，不仅是人物肖像的构图方式，在用光方面也多有借鉴，以致于最经典的布光方法索性用著名画家伦勃朗的名字来命名，在这些历史因素的影响下，画意摄影作为两者有机结合的产物应运而生。其唯美的画面语言及美好的设计内涵成为人像摄影的一种重要的表达方式。

盘根错节的老树间掩映出一张妩媚的脸，如梦似幻，仿佛神话传说里的林中仙女。与其说是一幅图像，不如说是一个意象，呈现于眼前的一瞬，宛如相纸在显影液里缓缓的沉浮时刻，有无数的涟漪荡漾，影像缤纷、心绪万千，在时间与空间的不同维度，各自弥散。这个梦幻般的女子，是从她的沉睡中刚刚醒来，正要自栖身之处欣然离去？还是方才结束她的林中漫游，正要整束妆容悄悄隐身入密林？或者，她就是来自希腊神话爱情故事里的女主角，被囚禁在月桂树里的河神之女达芙妮？亦或被禁止开口说话的仙女万科？

玫瑰岸边／摄影：王新正

森林中的精灵/摄影：吴维康

门里门外／摄影：王彩凤

献身艺术的人／摄影：王凤廷

她叫“向玉莎莉”是黄山旁“芙蓉谷”景区人体彩绘模特，为了生存，她和她的彩绘师，长年坚守在简陋的山间舞台上。

人体/摄影：边度空间

魔幻海滨/摄影：邱昌宪

谎言/摄影：田勇

抹不去的记忆/摄影：田勇

历史舞台/摄影：李伟光

夏商周秦西东汉，三国两晋南北朝，隋唐五代和十国，辽宋夏金元明清，历史像一个巨大的舞台，你方唱罢我登场，幕启幕落，纵横捭阖。近代的太平天国、中日甲午战争、洋务运动，八国联军火烧圆明园、辛亥革命、北伐战争、抗日战争，解放战争，场面浩浩荡荡，令人荡气回肠。昆明大观楼长联的下联写道："数千年往事，注到心头，把酒凌虚，叹滚滚英雄谁在！想汉习楼船，唐标铁柱，宋挥玉斧，元跨革囊。伟烈丰功，费尽移山心力。尽珠帘画栋，卷不及暮雨朝云；便断碣残碑，都付与苍烟落照。只赢得几杵疏钟，半江渔火，两行秋雁，一枕清霜。"一个时代对于历史就像展开一幅山水画一样，画还未展开，新的篇章又开始了。

历史舞台/摄影：李伟光

《中国摄影艺术年鉴—2012卷》作者及作品索引（以汉语拼音为序）

图书在版编目（CIP）数据

中国摄影艺术年鉴．2012 / 高健生主编．-- 北京 ：国际文化出版公司，2012.12

ISBN 978-7-5125-0474-5

Ⅰ．①中… Ⅱ．①高… Ⅲ．①摄影艺术－中国－2012－年鉴 Ⅳ．①J4-54

中国版本图书馆CIP数据核字(2012)第300774号

中国摄影艺术年鉴—2012卷

主　　编　高健生
责任编辑　杨　华
助理编辑　马贞阳
出版发行　国际文化出版公司
经　　销　北京国文润华图书销售公司
编　　辑　《中国摄影艺术年鉴》编辑部
设　　计　北京金水太和文化有限公司
印　　刷　北京图文天地制版印刷有限公司
开　　本　889×1194　12开
　　　　　　35.5印张
版　　次　2013年1月第1版
　　　　　　2013年1月第1次印刷
书　　号　ISBN 978-7-5125-0474-5
定　　价　429.00元

国际文化出版公司
北京朝阳区东土城路乙9号　　邮编：100013
总编室：（010）64270995　　传真：（010）64271499
销售热线：（010）64271187　64279032
传真：（010）84257656
E-mail:icpc@95777.sina.net
http://www.sinoread.com

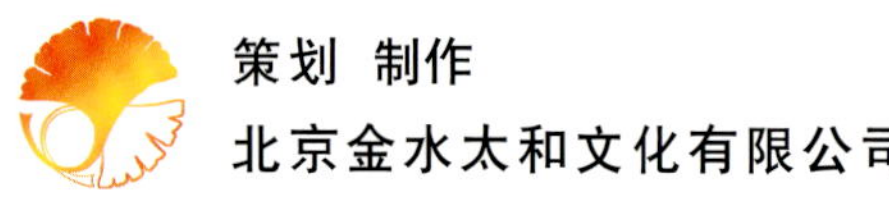

策划 制作
北京金水太和文化有限公司